お話でマスター!

小学校の全漢字1006を5時間で攻略する本

PHP研究所 編

PHP研究所

はじめに

本書《ほんしょ》は、小学校で学習《がくしゅう》する漢字一〇〇六字を、お話を読みながら、または読み終わった後に楽しくマスターできるように工夫《くふう》した本です。だいたい小学校三年生以上の人から、大人《おとな》までを対象《たいしょう》としています。

ところで、一〇〇六字もの漢字をみんな覚《おぼ》えるのはとても大変だし退屈《たいくつ》そう、と思う人もいるかもしれません。でも、子どもたちが活躍《かつやく》するお話の中に出てくる漢字なら、興味《きょうみ》をもって読んだり書いたりすることができますし、わからない漢字も、自然《しぜん》と知りたくなるでしょう。

この本が、漢字への興味をもっともっていただくきっかけとなればさいわいです。

また、この本で紹介《しょうかい》する漢字の読みは、代表的《だいひょうてき》なもののひとつです。小学校の教科書に出てくる漢字の読みとは、べつの読みの場合もあります。漢字にはいくつかの読みがあることが多いので、興味をもった漢字や、まだ習っていない漢字は辞書《じしょ》で調べたりして、発展的《はってんてき》な学習をするといいでしょう。

本書の特長

★お話を読むことで、漢字に対する興味《きょうみ》がわきやすくなる。
★漢字の意味もとらえやすくなり、漢字が覚《おぼ》えやすくなる。
★お話を読んで、興味があるうちに漢字の書《か》き取《と》りができる。
★お話に出てきた漢字のテストで復習《ふくしゅう》ができる。

もくじ

この本の使い方

この本のお話は漢字の習熟度《しゅうじゅくど》によりますが、１ページを読むのに１分、下段《げだん》の漢字を書くのに平均《へいきん》１分半（漢字数がページによって多い箇所《かしょ》があるので長くかかる場合もあります）、そこでテストページをのぞいて、約《やく》100 ページのお話を攻略するのに、トータル５時間という設定をしています。

漢字の習熟度《しゅうじゅくど》や、ページごとの漢字の読み書きのスピードには個人差《こじんさ》がありますので、一つの目安と考えてください。

お話ページ

各《かく》学年の学習漢字で、初出《しょしゅつ》の漢字と、初出とは読みがちがう漢字が、太字になっています。

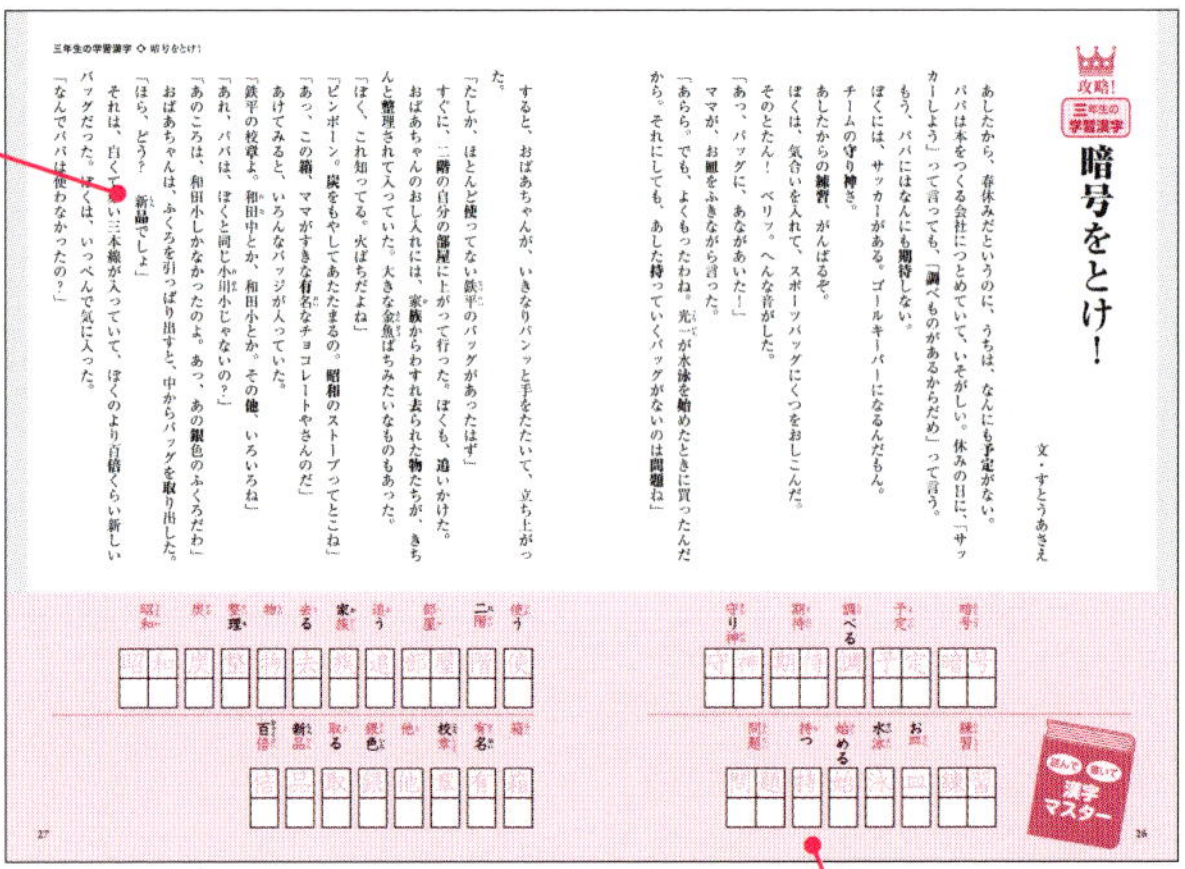

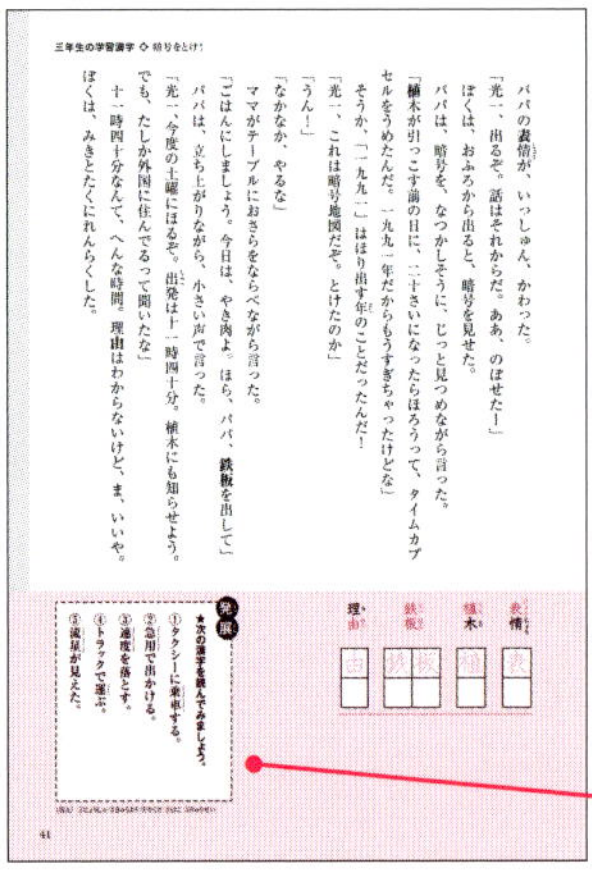

本文に出てきた漢字の読みとちがう読みの漢字をいくつか選《えら》んで取り上げています。
※答えはワクの下にあります。

上段で、太字になっている漢字について、読みの確認《かくにん》や、書き取りの練習ができます。

書き取り用のマス目はスペースの関係《かんけい》で２マスだけなので、別《べつ》に書き取り用のノートなどをつくって書く練習をするとよいでしょう。

テストページ

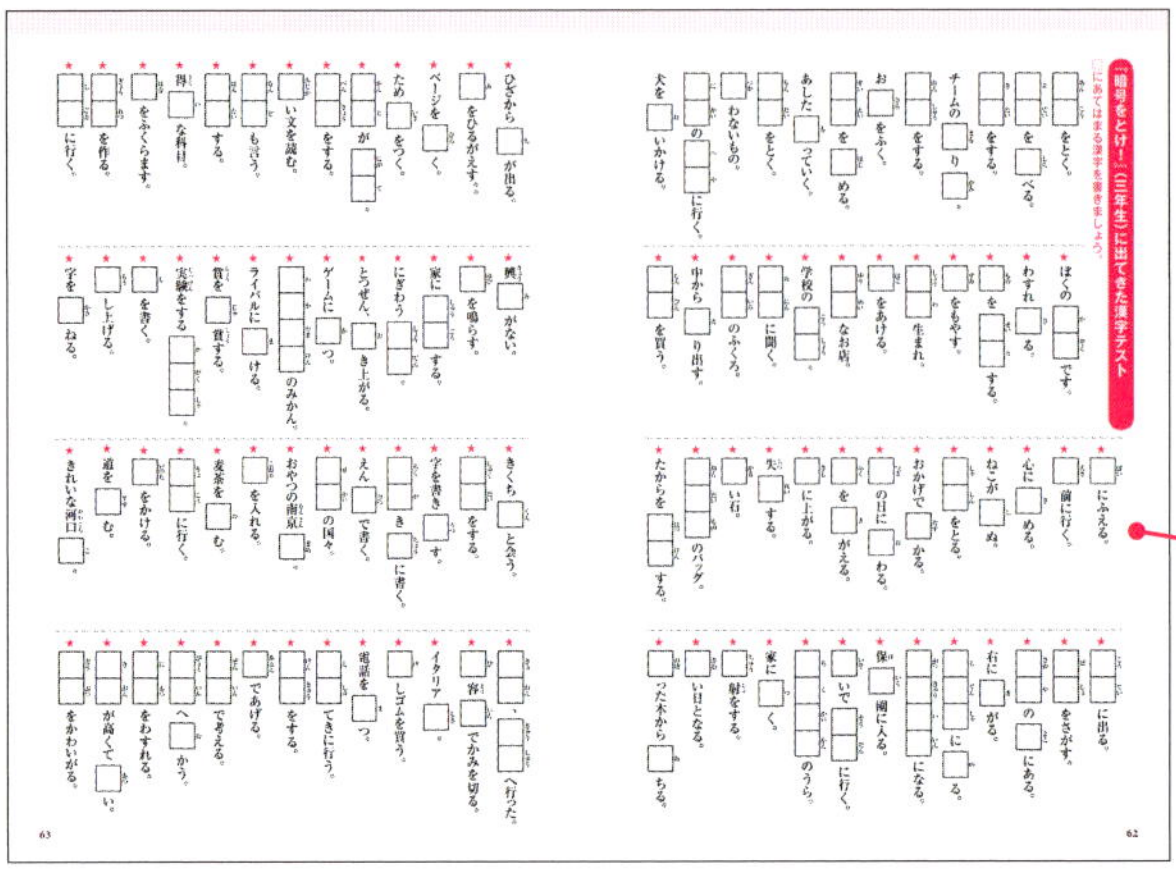

各お話に出てきた漢字のテストです。書けなかった漢字を重点的に練習するとよいでしょう。
お話の下段に出てきた順番《じゅんばん》に出題しています（一部例《れい》外あり）。
漢字が合っているかどうかは、その学年のお話のページ下段で確認してください。

漢《かん》字《じ》攻《こう》略《りゃく》
初《しょ》級《きゅう》編《へん》

一・二年《ねん》生《せい》の学《がく》習《しゅう》漢《かん》字《じ》

ぼくらの グルメたいけつ

P6

攻略！
一・二年生の学習漢字

ぼくらのグルメたいけつ

文・山本省三

朝、ゆうとが**教室**に**入**っていくと、なかのよい**友**だちのてつやとひろしが、そばへよってきた。そして、ひろしがまちかねたように、ゆうとに**声**をかけてきた。

「**来月**の**九日**、**町内会**で**子**どもフェスティバルをやるの**知**ってる？」

ゆうとが**首**をふると、ひろしは、めがねをかけ**直**しながら、**話**をつづけた。

「ぼくんちのおじいちゃん、町内会**長**なんだ。で、ぼくらに会**場**に**店**を**出**さないかって」

ゆうとは**聞**いた。

「店って、なんの店を出すの？」

そこで、てつやが**口**をはさんできた。

「なんでもいいんだってさ。だから、**食**べものの店がいいかなって、ひろしと話してたんだよ。つまみぐいできそうだしな」

朝《あさ》　教室《きょうしつ》　入《はい》る　友《とも》だち　声《こえ》　来月《らいげつ》　九日《ここのか》　町内会《ちょうないかい》　子《こ》ども

朝　教室　入　友　声　来月　九日　町内会　子

知《し》る　首《くび》　直《なお》す　話《はなし》　会長《かいちょう》　会場《かいじょう》　店《みせ》　出《だ》す　聞《き》く

知　首　直　話　長　場　店　出　聞

読んで書いて
漢字マスター

くいしんぼうのてつやらしい。ゆうとは、なかなか**楽**しそうだと**思**い、**二人**に**答**えた。

「よし、やろうよ、でも食べものってどんなのがいいかなあ。それとぼくらに**作**れるかなあ」

その**時**、ゆうとたちの話を**耳**にしたえりかが、おどろいた声を**上**げた。

「ええっ、ゆうとくんたちも子どもフェスティバルに食べもののお店を出すの？　わたしたちもクレープのお店を出すのよね」

えりかのとなりにいるあやのとみすずがうなずいた。すると、てつやが**少**し**太**めのおなかをぽんとたたいて**言**った。

「じゃあ、どっちの店の**方**が、おきゃくがたくさん**来**るか、きょうそうしようよ」

まけずぎらいのみすずがきっぱりと答える。

「いいわよ。グルメたいけつね！」

チャイムの**音**が**鳴**って、ゆうとたちは、あわてて**自分**のせきについた。

ゆうととひろしとてつやは、**学校**から**帰**ると、ゆうとの**家**にあつまった。ゆうとのへやで、店で**売**る食べものをきめるそうだんだ。てつやが、テーブルのおやつにまっ**先**に**手**をのばしながら言った。

口《くち》　楽《たの》しい　思《おも》う　二人《ふたり》　答《こた》える　作《つく》る　時《とき》　耳《みみ》　上《あ》げる　少《すこ》し　太《ふと》め　言《い》う

口　楽　思　二人　答　作　時　耳　上　少　太　言

食《た》べもの　方《ほう》　来《く》る　音《おと》　鳴《な》る　自分《じぶん》　学校《がっこう》　帰《かえ》る　家《いえ》　売《う》る　まっ先《さき》　手《て》

食　方　来　音　鳴　自分　学校　帰　家　売　先　手

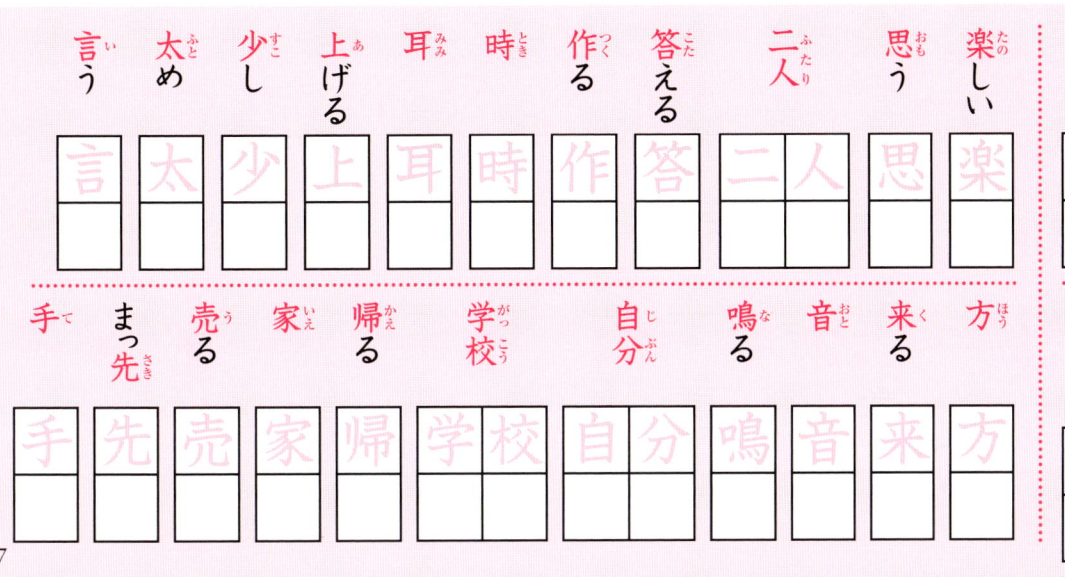

「おこのみやきがいいんじゃない」

ひろしがめがねをおさえて、首をふる。

「クレープとかぶっちゃわないか」

ゆうともうなずきながら、**考**える。

「たこやきとか、ホットドッグとか…」

すると、その時、ゆうとの**六年生**の**兄**のかいとが帰ってきて、へやの**引**き**戸**のすきまから**顔**をのぞかせた。

「**三人**そろって、**何**をそうだんしてるんだ」

ゆうとは、兄に子どもフェスティバルに食べものの店を出すことを説《せつ》**明**した。そして、さんかしょうは**千円**分の**図書**けんであることもつけくわえた。かいとは**本**を**読**むのがすきなのだ。

「そういうことなら、おれも手つだうよ。ゆうと、**記**憶《おく》**力**わるいぞ。おれ、学校のクラブ**活**動《どう》は、料《りょう》**理**でクラブ長なんだぞ」

「ぜひ**弟**のために、**力**をかしてください」

パチパチパチパチ、ひろしがはく**手**をすると、てつやが、あっと声を上げた。

「おいらもすっかりわすれてた。**父**ちゃん、会**社**やめて、コックさんになったんだ。手つだってもらおうよ」

すると、ほかの三人がそろってうでででばっ**点**を作った。

考《かんが》える　六年生《ろくねんせい》　兄《あに》　引《ひ》き戸《ど》　顔《かお》　三人《さんにん》　何《なに》　説明《せつめい》　千円《せんえん》

考　六年生　兄　引戸　顔　三人　何　明　千円

図書《としょ》　本《ほん》　読《よ》む　記憶力《きおくりょく》　活動《かつどう》　料理《りょうり》　弟《おとうと》　力《ちから》　はく手《しゅ》　父《とう》ちゃん　会社《かいしゃ》　ばっ点《てん》

図書　本　読　記力　活　理　弟　力　手　父　社　点

「えっ、どうしてだめなの？」

ゆうとが答えた。

「子どもフェスティバルだろ。子どもたちだけでやりとげなくちゃ」

「そうだったな」

てつやが**頭**をかきながら、**大**きくうなずいた。ひろしが、てつやのかたをたたきながら、作る食べものに話をもどした。

「やきそばってどうだろう。ソースのこげるにおいが、おきゃくをよぶんじゃないか」

てつやが、**犬**のようにはなをクンクンさせながら言う。

「においなら、カレーもいいぞ。カレーなら**春**、**夏**、**秋**、**冬**、いつだって、**毎日**だってあきないもん」

それを聞いて、ゆうとがひらめいた。

「やきそばとカレーを**合体**させようよ！」

かいとがうでを**組**む。

「なるほど『カレーやきそば』か。**正**解《かい》かも」

てつやとひろしが両《りょう》手をさっとあげた。

「さんせい！」

さっそく、てつやが、やきそばに入っているざいりょうをあげる。

頭《あたま》　大《おお》きい　犬《いぬ》　春《はる》　夏《なつ》　秋《あき》　冬《ふゆ》　毎《まい》日《にち》　合《がっ》体《たい》　組《く》む　正《せい》解《かい》

頭　大　犬　春　夏　秋　冬　毎日　合体　組　正

「ええと、まず**一番目**は**肉**だろ。**鳥**や**馬**や**牛**じゃなくて、ぶた！」

それを聞いてひろしがちゃかす。

「やきそばだから、まずそばだよ」

「いいの。**後**はキャベツか」

ゆうとはカレーを思いうかべる。

「カレーには、たまねぎ、にんじん、じゃがいもなんかが入っているよね。うちではお**母**さんがそれにピーマンをプラス」

かいとがふき出す。

「プッ。それは、ゆうとが**小**さいころきらいだったピーマンを、何とか食べさせるためさ」

ゆうとが少してれた。

「そういうこともあったな。じゃあ、**今出**たざいりょうで、作ったらどうだろう」

そこで、ひろしが手を上げた。

「カレーのあじつけはどうする？」

かいとが、**先**生のように答える。

「カレーこをまぜるか、カレールーを**入**れるか、**色**いろためしたらいいんじゃないかな」

一番目《いちばんめ》　肉《にく》　鳥《とり》　馬《うま》　牛《うし》　後《あと》　お母《かあ》さん　小《ちい》さい　今《いま》　出《で》る　先《せん》生《せい》

入《い》れる　色《いろ》いろ

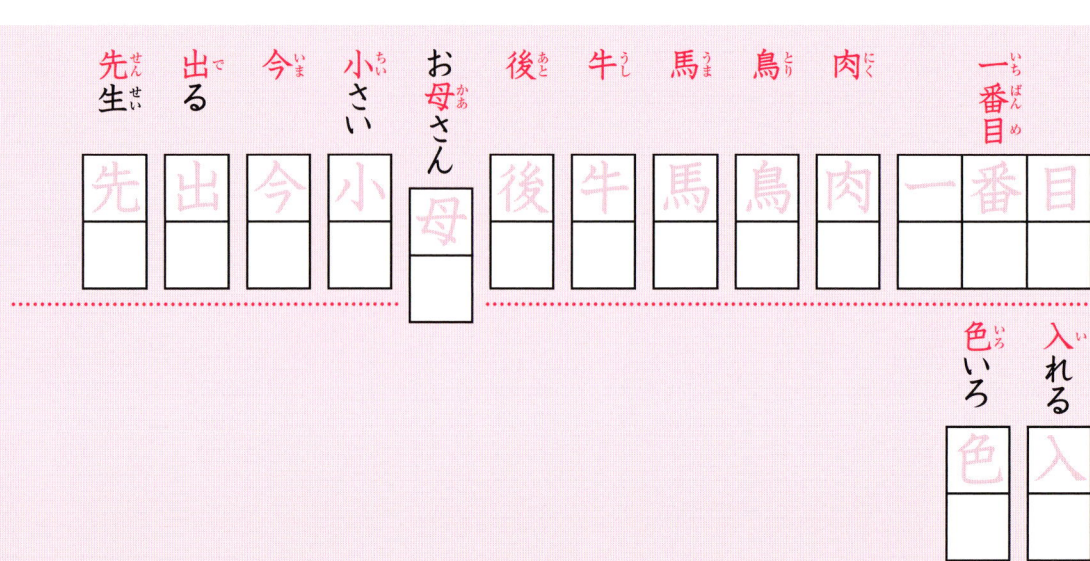

一《いっ》**週間後**の**土曜日**、ゆうとたちは、じっさいにカレーやきそばを作ることにした。

ゆうとたちは、**計算**したお**金**を**用**意《い》し、えき**前**を**走**る**国道**の**角**にあるスーパーマーケットに**行**って、カレーやきそばのざいりょうを**買**った。

かいとが、**野**さいをふくろから出しながら言った。

「まず、ざいりょうを**水**であらおうぜ」

丸ごとあらったキャベツの**玉**をきざむのは、てつやだ。手つきがいい。

ひろしがほめる。

「料理の**才**のうがあるよ。さすが、**父親**がコックさんだけあるな。手つだったりするのか？」

「いいや。ただおいらも父ちゃんみたいなコックさんになりたくて、ときどき自分で料理を作ることがあるんだ」

それを聞いて、かいとが言った。

「じゃあ、**五**年生になったら、料理クラブに入れよ」

「うん、おいら、**心**ではそうきめてるんだ」

ざいりょうをみんなで**切**った。いためるやくは、ゆうとが買って出た。

黒く**光**るフライパンを、**左**手でかっこよくふってみたかったのだ。

一週間《いっしゅうかん》　後《ご》　土曜日《どようび》　計算《けいさん》　お金《かね》　用意《ようい》　えき前《まえ》　走《はし》る　国道《こくどう》　角《かど》

週 間 後 土 曜 日 計 算 金 用 前 走 国 道 角

行《い》く　買《か》う　野《や》さい　水《みず》　丸《まる》ごと　玉《たま》　才《さい》のう　父親《ちちおや》　五《ご》年生《ねんせい》　心《こころ》　切《き》る　黒《くろ》い　光《ひか》る　左手《ひだりて》

行 買 野 水 丸 玉 才 親 父 五 心 切 黒 光 左

まずできあがったのは、カレーこであじをつけたもの。

ゆうとは、**気**になっていたじゃがいもをまず食べてみた。口の**中**でガリッと音がした。ゆうとは、あわててはき出すと、みんながじゃがいもを食べようとする手を**止**めた。

「じゃがいもが、**生**っぽい」

つぎからは、小さく切り、かるくゆでてからつかうことにする。さてあじは、カレーにしてはパンチが**足**りないという意《い》**見**が**多**かった。

今度《ど》は、ゆうとはいためるのを**休**んで、ひろしにかわった。カレールーをおゆでとかして、くわえてみた。ゆでたじゃがいもは、はごたえもあっていいかんじだ。さいころくらいの大きさが食べやすい。

でも、あじ**見**にくわわっていたゆうとの両**親**が、口をそろえて言ったのが、ゆうとたちにはショックだった。

「ちょっとしょっぱいし、べたついてる」

そこで三**回**目にチャレンジする前に、**話**し**合**うことにした。

ゆうとの意見はこうだ。

「カレールーを入れるりょうが多すぎたな」

ひろしがつづける。

「おゆでといたから、べたつくんだ」

気《き》 気
中《なか》 中
止《と》める 止
生《なま》 生
足《た》りる 足
意見《いけん》 見
多《おお》い 多
今度《こんど》 今
休《やす》む 休
あじ見《み》 見
両親《りょうしん》 親
三回《さんかい》 回
話《はな》す 話
合《あ》う 合

かいとが考えこむ。

「べたつきをどうするかだな」

てつやが、つぶやくように言った。

「おいら、**夕**はんにカレーチャーハンを作った時、ルーをきざんで入れたよ。カレーこよりこくが出るし、ぱらっとし上がるって、前に父ちゃんに**教**えてもらった」

それを聞いて、ひろしがおこった。

「なんでそれを**早**く言わないんだよ！」

さっそくルーをきざんで入れて……、できた、できた、三さら目。みんなで口に入れて、だまってうなずく。**大**せいこうだ。

ひろしが**右**手でめがねをずり上げながら言った。

「これで、**女王**さまみたいな三人組《ぐみ》のクレープにかてる自信《しん》がついたな」

いよいよあしたがフェスティバルだ。しかし**天**気よほうは**雨**で**強風**と言う。**夜**、家の**門**の**外**で、ゆうとはかいとといっしょに**星空**を見上げて、いのった。**同**じころ、てつやもひろしも空にいのっていた。そしてえりかたちも。

みんなのいのりが**通**じたのか、つぎの日は**東西南北**、**遠**くまで見わたしても**雲一**つない**晴**れで、**風**も**弱**かった。

夕《ゆう》はん　教《おし》える　早《はや》い　大《だい》　右《みぎ》手《て》　女《じょ》王《おう》　天《てん》気《き》　雨《あめ》　強《きょう》風《ふう》　夜《よる》　門《もん》　外《そと》

夕　教　早　大　右　女王　天　雨　強風　夜　門　外

星《ほし》空《そら》　同《おな》じ　通《つう》じる　東《とう》西《ざい》　南《なん》北《ぼく》　遠《とお》い　雲《くも》　一《ひと》つ　晴《は》れ　風《かぜ》　弱《よわ》い

星空　同　通　東西　南北　遠　雲　一　晴　風　弱

午前七時、ゆうとたちは、会場である**市**みん**広場**にあつまった。そこは、**魚**つりもできる**池**や**川**がながれている**森林公園**の入り口にある。ひろしのおじいちゃんが**語**った話によると、まだ**村**だったころ、ここは**谷間**で**麦**のはたけや**米**の**田**んぼだったそうだ。

子どもフェスティバルは**九時半**にオープンだから、じゅんびは**二**時間半でしなければならない。ちょう理きぐは町内会で用意してくれた。ざいりょうは、スーパーマーケットから、**車**ではこばれて来る。

まず店をかざる。ひろしがパソコンで作った、**赤地**の**紙**に**黄**色い**文字**で「カレーやきそば」と**書**かれたビラを店のまわりにはる。となりのえりかたちの店は、かんばんまで作っていた。バナナのように**弓**なりになった**木**のいたに、大きな**矢**じるしをかいている。そして、彫刻《ちょうこく》**刀**でほった「おしゃれクレープ」という文字を、**青**と目**立**つ黄色でぬってある。

店のかべには、なぜか光る**海**にうかぶ**汽船**の**絵画**が、クリスマスの**電**球《きゅう》にふちどられてかざられている。

ゆうとが、よこからのぞきこんで見ていると、えりかたち三人がおかしなクレープの**歌**を歌い出した。

パチパチパチパチ。てつやがはく手をした。ひろしが顔をしかめて言った。

「何ではく手するんだよ。あんなダサい歌を聞くと、せ中を**虫**がはったみ

午前《ごぜん》 七時《しちじ》 市《し》みん 広場《ひろば》 魚《さかな》 池《いけ》 川《かわ》 森林《しんりん》 公園《こうえん》 語《かた》る 村《むら》 谷間《たにま》 麦《むぎ》

午前 七時 市 広場 魚 池 川 森林 公園 語 村 谷間 麦

米《こめ》 田《た》んぼ 九《く》時《じ》半《はん》 二《に》時《じ》間《かん》 車《くるま》 赤地《あかじ》 紙《かみ》 黄《き》色《いろ》い 文字《もじ》 書《か》く 弓《ゆみ》 木《き》 矢《や》じるし 彫刻《ちょうこく》刀《とう》 青《あお》 目《め》立《だ》つ

米 田 九 半 二 車 赤 地 紙 黄 文 字 書 弓 木 矢 刀 青 立

たいにゾワゾワするな」

それをみすずが聞きつけた。

「かんげきしてゾクゾクしたんじゃない？」

会場の一番おくにならんだ**二**つの店は、はじめからライバル**心**むきだしで、**火花**をバチバチちらしている。

それもそのはず、子どもフェスティバルの店の**数**は二**十**五ほどだが、その**内**お**茶**などののみものやクッキーを売る店が**五**つくらいで、作りながら食べものを売るのは、ゆうとたちとえりかたちの店だけだ。

ほかは**古**着《ぎ》やリサイクルのおもちゃ、**科学**あそびセット、そして**竹細工**にビーズや**毛糸**あみなどの手げいの店が多い。めずらしいところでは**野草**や**台**にのせた**岩石**や鳥の**羽**根《ね》をならべて売っている店もある。

二《ふた》つ　心《しん》　火《ひ》花《ばな》　数《かず》　二十五《にじゅうご》　その内《うち》　お茶《ちゃ》　五《いつ》つ　古《ふる》着《ぎ》

二　心　花　火　数　十　内　茶　五　古

海《うみ》　汽《き》船《せん》　絵《かい》画《が》

海　船　汽　画　絵

科《か》学《がく》　竹《たけ》細《ざい》工《く》　毛《け》糸《いと》　野《や》草《そう》　台《だい》　岩《がん》石《せき》　羽《は》根《ね》

学　科　工　細　竹　糸　毛　草　台　石　岩　羽

電《でん》球《きゅう》　歌《うた》　虫《むし》

電　歌　虫

九時半、いよいよオープンだ。すべての店におとなのボランティアがついてくれるが、なるべく**中**学生以《い》**下**の子どもだけで、店を切りもりするのがルールだ。

だから、ゆうとたちの店は、兄のかいとと**四**人。えりかたちもみすずの中学生の**姉**が手つだいに入っている。

おたがいの店からカレーのにおいとあまいにおいがただよって来るのと**同**時に、こちらへ**八**さいくらいの**女**の子が**歩**いて**近**づいて来る。

「ください！」

さいしょのおきゃくはえりかの店だった。

それもあやのの**妹**だ。

「お**姉**ちゃんおいしいよ」

あやのの妹は、**雪**のように**白**いヨーグルトを**貝**みたいな**形**にまいたクレープにかぶりつきながら、ゆうとの店の方をちらっと見る。それに気づいて、ゆうとは声をかけてみる。

「こっちのカレーやきそばもどう？」

家であやのから言い聞かされているのか、妹はだまって首をふった。

そしてその後一時間、どちらの店にもおきゃくは**来**なかった。仕《し》**方**なく、

中学生《ちゅうがくせい》 中
以下《いか》 下
四人《よにん》 四
姉《あね》 姉
同時《どうじ》 同
八《はっ》さい 八
女《おんな》の子《こ》 女
歩《ある》く 歩
近《ちか》づく 近
妹《いもうと》 妹
お姉《ねえ》ちゃん 姉
雪《ゆき》 雪

白《しろ》い 白
貝《かい》 貝
形《かたち》 形
来《こ》ない 来
仕《し》方《かた》 方

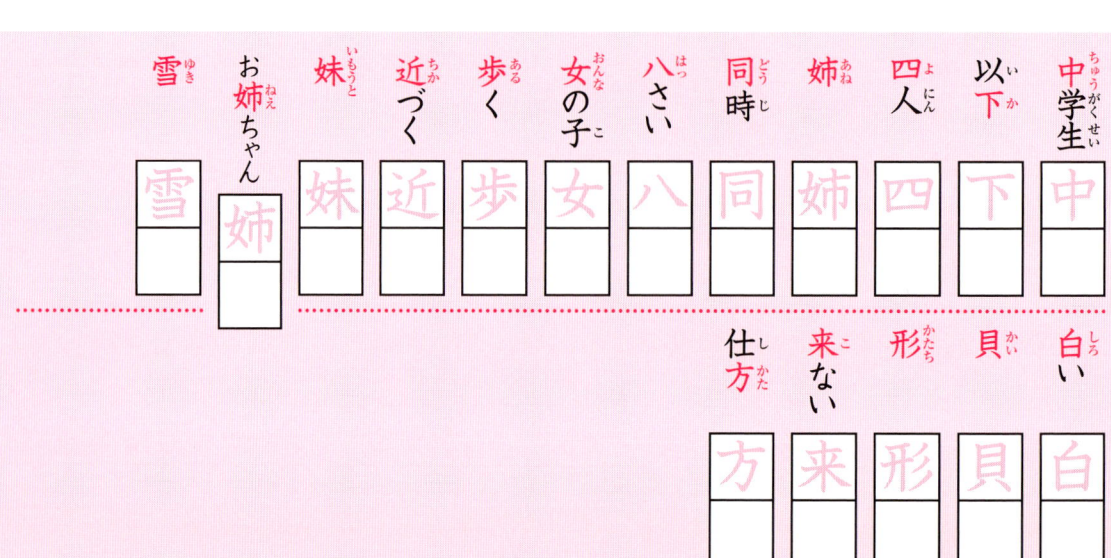

えりかたちとゆうとたちは、おきゃくが来るのを**当**てこんで作りおきしてあったものをこうかんして食べた。ゆうとはクレープをす直においしいと思ったが、ひろしたちの手前、口には出さなかった。なまいきなのはえりかたちだ。

「まあ、**小**学生が作ったにしては、いいんじゃない？」

三人が口をそろえて言ったのだ。

と、その時、同じクラスのこうすけとなおきが店の前を**通**りかかった。てつやが二人に言った。

「ねえ、カレーやきそば食べて行かない？」

二人はすまなそうに首をふった。広場の**交**番の先に**今日新**しくオープンしたバーガーショップで食べるのだと言う。一日だけ**京**風あっさりバーガーが**百**円だそうだ。

それを聞いて、ひろしがためいきをついた。

「あの**野原**だったところにオープンしたんだ。おきゃくが来ないのは、そのせいか。やきそばもクレープも二百円で**高**いものなあ」

すると、えりかが自分の店のちらしをつかんで、こう言った。

「ねえ、バーガーやさんの前にちらしをくばりに行こう。クレープがおいしいことをせんでんして来よう」

当《あ》てる　小学生《しょうがくせい》　通《とお》る　交番《こうばん》　今日《きょう》　新《あたら》しい　京風《きょうふう》　百円《ひゃくえん》　野原《のはら》　高《たか》い

当　小　通　交　今日　新　京　百　野原　高

ゆうともちらしを手にとった。

「ぼくらも行こうよ」

六人は、店にかいととみすずの姉をのこして、**足**早《ばや》に会場の外へ出た。

京風と**名**づけるだけあって、お**寺**のようなハンバーガーショップの前は、**人**でごったがえしていた。ちらしをわたそうとしてもだれもうけとってくれない。

すると、そこへ人ごみをおし**分**けて、テレビカメラをかついだ**男**の人と、マイクを手にした男の人がゆうとたちに近づいて**来**た。

だれかがさけんだ。

「あっ、グルメレポーターのあじのすけだ！」

と、いきなりマイクとカメラがゆうとにむけられた。

「きみたちもハンバーガーを食べに？」

ゆうとは、とっさにちらしをテレビカメラにむけて言った。

「いいえ、ぼくたち、となりの子どもフェスティバルでカレーやきそばを売ってるんです。**山**もりにするからぜひ食べに来てください」

えりかもちらしをカメラの前に出した。

「わたしたちはおしゃれクレープという名前のお店。すっごくおいしいの」

あじのすけはちょっとこまった顔をしたが、すぐににっこり。

足《あし》早《ばや》　名《な》づける　お寺《てら》　人《ひと》　分《わ》ける　男《おとこ》　来《き》た　山《やま》もり

「わかった、ハンバーガーをあじ見したら行くね」

そして、**十分**後、やくそく通り本**当**にあじのすけは来てくれた。番組は生ほうそうで、スタジオにいる司会者《しかいしゃ》が二人を気に入って、子どもグルメたいけつをしたらということになったのだ。そこでゆうとたちは今まで以**上**にしんけんに作った。

あじのすけは、まず、やきそばを**一**口。

「おお、このしげきがたまらなあい！」

そして、クレープも一口。

「ワアオ、さわやか、すこやかあ！」

まわりで見ていた人たちはふき出したが、ゆうととえりかたちはわらわない。そして、あじのすけは両方ともおいしそうにたいらげ、またマイクを手にした。

「さあ、子どもグルメたいけつのけっかをはっぴょうしよう。『これはインドの**里**の朝ってこんなかなあ』にけってい！」

どきどきしながらまっていたゆうとたちは、意**外**なことばにひざがガクッ。

「インドの里の朝って、からくてさわやかってこと。インドではカレーを

十分《じっぷん》　本当《ほんとう》　以上《いじょう》　一口《ひとくち》　里《さと》　意外《いがい》

分 十 当 上 一 里 外

発《はっ》展《てん》

★次《つぎ》の漢字《かんじ》を読《よ》んでみましょう。

①作文を書く。
②春夏秋冬。
③とくいな科目。
④強弱をつける。
⑤すきな歌手。

（答え）①さくぶん ②しゅんかしゅうとう ③かもく ④きょうじゃく ⑤かしゅ

食べた後ヨーグルトドリンクをのむんだね。だから、カレーやきそばを食べ、デザートにヨーグルトクレープをたのむと、ぴったり。つまり両方食べるといいということで、グルメたいけつは引き分け！　でも、二つとも本当においしいよ」

　まわりからはく手がおこる。そして、おどろいたことにみんながやきそばとクレープをたのみはじめた。

　ゆうととえりかは、百円バーガーにたいこうするつもりもあって、やきそばとクレープをセットで三百円で売ることにした。するとお**昼**すぎにはどちらも売り切れとなった。売り上げも二**万**円をこえた。番組がおわって、またもどってきたあじのすけは、もうないことにがっかり。

「おせじじゃなくうまかったから、もう一度ゆっくりと食べたかったのになあ」

　そう言いのこして帰って行った。あじのすけを見おくりながら、ゆうとたちとえりかたちは、どちらからともなく、ほほえみ合った。そして、一**直線**にならんで、両手を**元**気よく上げ、こうさけんだ。

「やったね、ばんざあい！」

お昼《ひる》
二《に》万《まん》円《えん》
一《いっ》直線《ちょくせん》
元《げん》気《き》

昼　万　直線　元

発《はっ》展《てん》

★次の漢字を読んでみましょう。

①名声が上がる。
②早朝に出かける。
③父母会に行く。
④数字をかぞえる。
⑤左右を見る。

攻略！

（答え）①めいせい ②そうちょう ③ふぼかい ④すうじ ⑤さゆう

『ぼくらのグルメたいけつ』(一・二年生)に出てきた漢字テスト

□にあてはまる漢字を書きましょう。

★□《あさ》になった。

★□《きょう》□《しつ》に□《はい》る。

★□《とも》だちの□《こえ》がする。

★□《らい》□《げつ》、たんじょうびだ。

★□《ここの》□《か》に、よていがある。

★□《ちょう》□《ない》□《かい》がある。

★□《こ》どもが、たくさんいる。

★じけんを□《し》る。

★□《くび》をふる。

★めがねをかけ□《なお》す。

★□《はなし》をする。

★□《かい》□《ちょう》をきめる。

★□《かい》□《じょう》にいく。

★□《みせ》を□《だ》す。

★せつめいを□《き》く。

★□《くち》をはさむ。

★□《た》べものをえらぶ。

★□《たの》しいと□《おも》う。

★□□《ふたり》で□《こた》える。

★おかずを□《つく》る。

★その□《とき》、わかった。

★□《みみ》をかたむける。

★こえを□《あ》げる。

★□《すこ》し□《ふと》った。

★すきなことを□《い》う。

★どっちの□《ほう》がおもい?

★おきゃくさんが□《く》る。

★チャイムの□《おと》が□《な》る。

★□《じ》□《ぶん》のせきにつく。

★□《がっ》□《こう》から□《かえ》る。

★□《いえ》にあつまる。

★ものを□《う》る。

★まっ□《さき》に、□《て》をのばす。

★よていを□《かんが》える。

★□《ろく》□《ねん》□《せい》の□《あに》。

★へやの□《ひ》き□《ど》をあける。

★□《かお》をのぞかせる。

★□《さん》□《にん》で説《せつ》□《めい》する。

★□《せん》□《えん》で□《なに》かかう。

★□《と》□《しょ》かんにいく。

★□《ほん》を□《よ》む。

★□《き》憶《おく》□《りょく》がわるい。

★クラブ□《かつ》動《どう》をする。

★料《りょう》□《り》をする。

★□《おとうと》に□《ちから》をかす。

★はく□《しゅ》をする。

★お□《とう》さんとあそぶ。

★□《かい》□《しゃ》にいく。

★百□《てん》をとる。

★□《あたま》をかく。

★□《おお》きくうなずく。

★かわいい□《いぬ》。

★さわやかな□《はる》。

★あつい□《なつ》。

★□《あき》のもみじがり。

★□《ふゆ》にスキーをする。

★□《まい》□《にち》、マラソンをする。

★パーツを□《がっ》□《たい》させる。

★うでを□《く》む。

★それが□《せい》解《かい》だ。

★□《いち》□《ばん》□《め》にならぶ。

★ぶた□《にく》をさがす。

★□《とり》がとんでいる。

★□《うま》や□《うし》がいる。

★□《あと》はまかせる。

★お□《かあ》さんがすき。

★□《ちい》さいボール。

★□《いま》から□《で》かける。

★□《せん》□《せい》にしつもんする。

★カレールーを□《い》れる。

★□《いろ》いろかんがえる。

★□《いっ》□《しゅう》□《かん》□《ご》にきまる。

★□《ど》□《よう》□《び》になった。

★お□《かね》を□《けい》□《さん》する。

★□《よう》意《い》をする。

★えき□《まえ》にあつまる。

★□《こく》□《どう》を□《はし》る。

★□《かど》をまがる。

★あそびに□《い》く。

★□《や》さいを□《か》う。

★□《みず》であらう。

★□《まる》ごとのみこむ。

★キャベツの□《たま》をきざむ。

★□《さい》のうがある。

★□《ちち》□《おや》とあそぶ。

★□《ご》□《ねん》□《せい》になる。

★□《こころ》にきめる。

★ざいりょうを□《き》る。

★□《くろ》いフライパン。

★□《ひか》るゆびわ。

★□《ひだり》□《て》をふる。

★ゆでかげんが□《き》になる。

★あなの□《なか》をのぞく。

★うごきを□《と》める。

★□《なま》のじゃがいも。

★□《た》りないものがある。

★意《い》□《けん》をあつめる。

★ごはんが□《おお》い。

★□《こん》度《ど》、ためそう。

★□《やす》みをとる。

★あじ□《み》をする。

★両《りょう》□《しん》をしょうかいする。

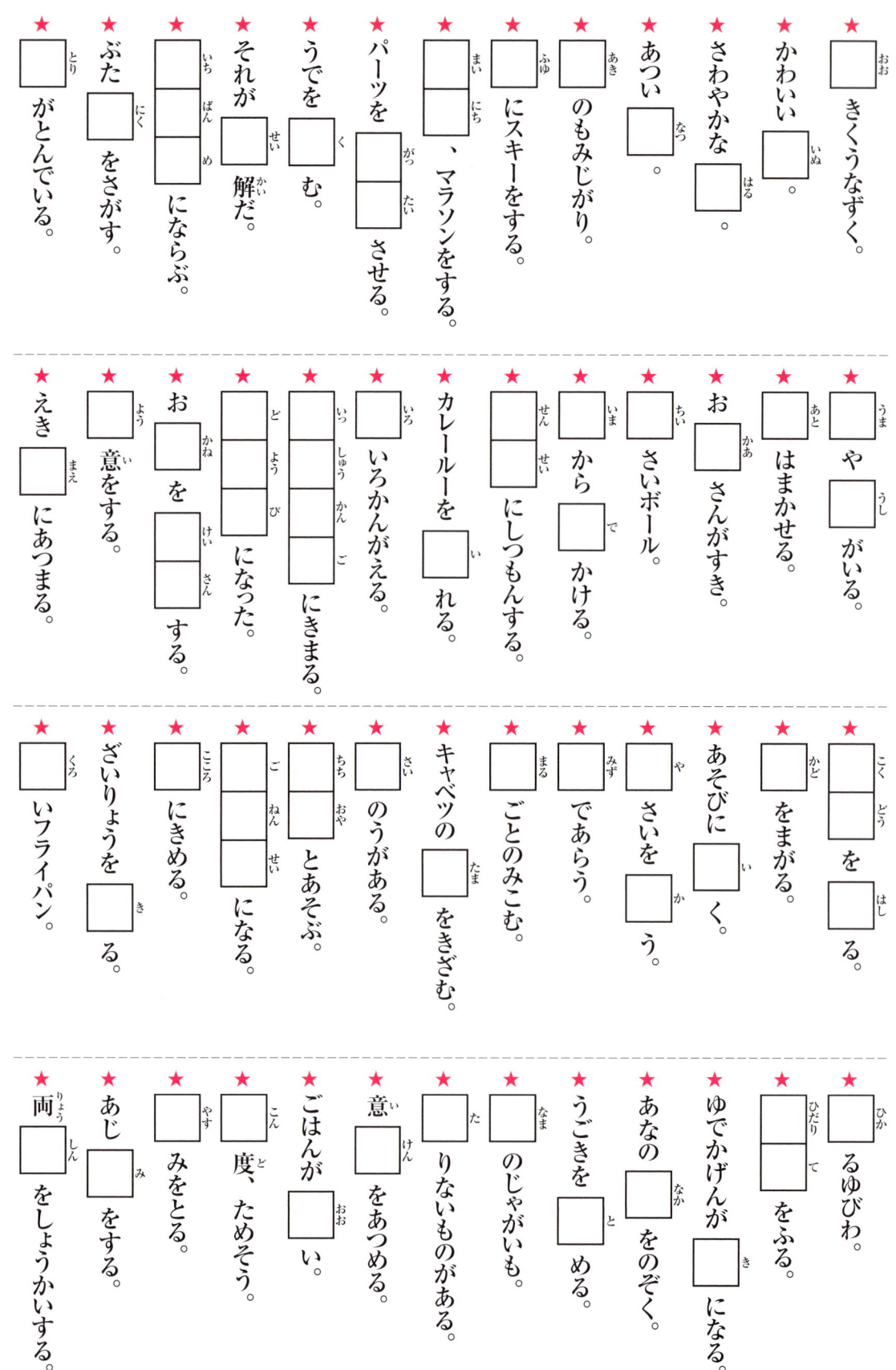

★ □《さん》□《かい》、ためす。

★ □《はな》し□《あ》う。

★ □《ゆう》はんはカレーだ。

★ ヒントを□《おし》える。

★ □《はや》くおきる。

★ □《だい》せいこうをおさめる。

★ □《みぎ》□《て》でもつ。

★ すてきな□《じょ》□《おう》さま。

★ □《てん》□《き》よほうは、□《あめ》。

★ □《きょう》□《ふう》がふく。

★ □《よる》になる。

★ □《もん》の□《そと》。

★ きれいな□《ほし》□《ぞら》。

★ □《おな》じことをする。

★ いのりが□《つう》じる。

★ □《とう》□《ざい》□《なん》□《ぼく》をみる。

★ はるかに□《とお》い。

★ □《くも》がうかぶ。

★ クッキーを□《ひと》つとる。

★ けさは□《は》れだ。

★ □《かぜ》が□《よわ》い。

★ □《ご》□《ぜん》□《しち》□《じ》に、おきる。

★ □《し》みんがあつまる。

★ □《ひろ》□《ば》であそぶ。

★ □《さかな》をつる。

★ □《いけ》をのぞく。

★ □《かわ》にはいる。

★ □《しん》□《りん》□《こう》□《えん》がある。

★ むかしを□《かた》る。

★ □《むら》がある。

★ □《たに》□《ま》におりる。

★ □《むぎ》ばたけがひろがる。

★ □《た》んぼに□《こめ》ができる。

★ □《く》□《じ》□《はん》につく。

★ □《に》□《じ》□《かん》かかる。

★ □《くるま》ではこぶ。

★ □《あか》□《じ》のぬの。

★ かべに□《かみ》をはる。

★ □《き》□《いろ》くぬる。

★ カラフルな□《も》□《じ》。

★ きれいに□《か》く。

★ □《ゆみ》なりになった□《き》。

★ □《や》じるしのほうこう。

★ 彫刻《ちょうこく》□《とう》でほる。

★ □《あお》いやね。

★ □《め》□《だ》つかっこう。

★ □《うみ》にうかぶ□《き》□《せん》。

★ □《かい》□《が》をかざる。

★ □《でん》球《きゅう》をとりかえる。

★ □《うた》をきく。

★ □《むし》をつかまえる。

★ □《ふた》つのコマ。

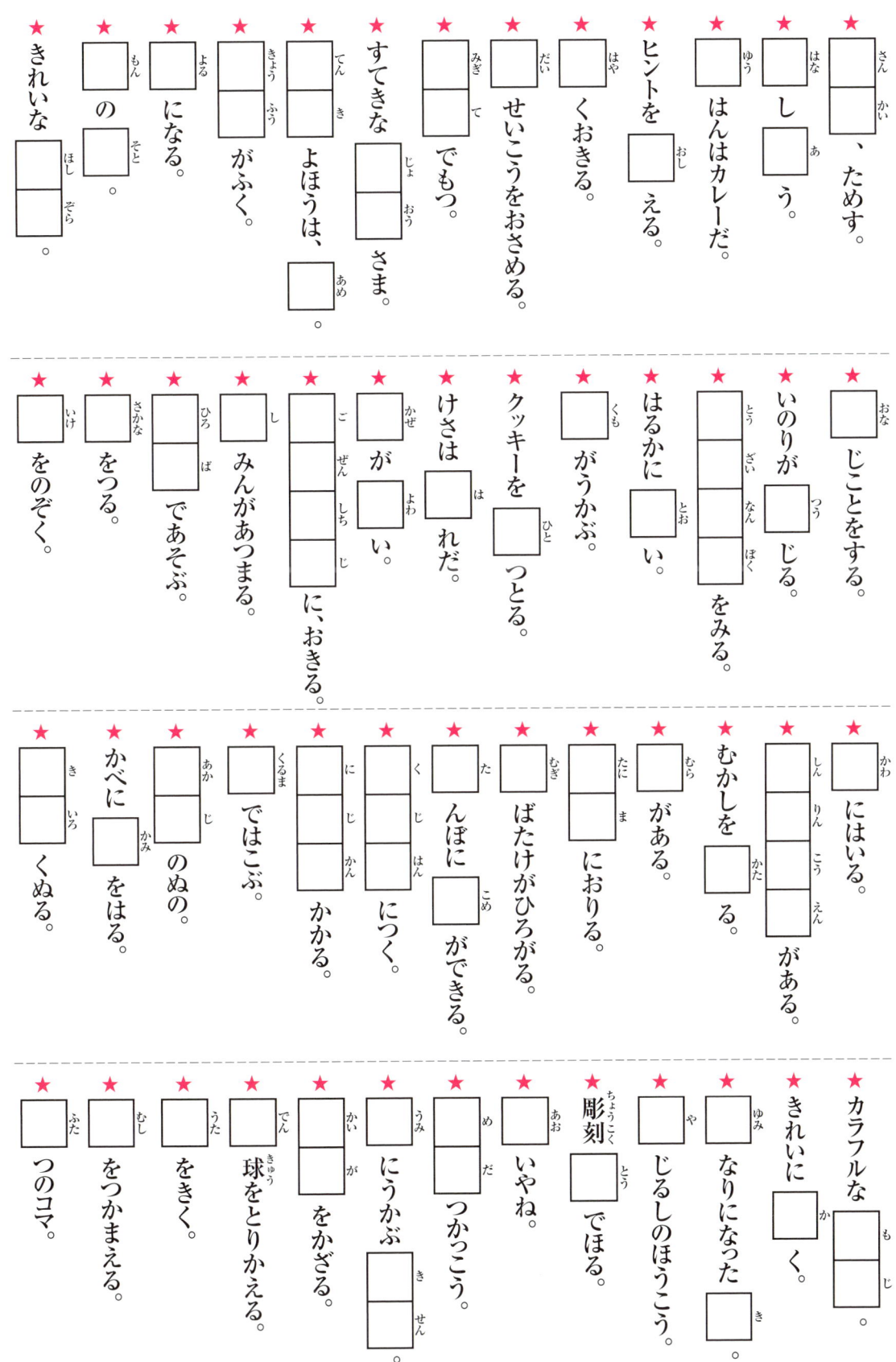

★ライバル□《しん》をもつ。

★□《ひ》□《ばな》をちらす。

★おもちゃの□《かず》。

★□《じゅう》、かぞえる。

★その□《うち》のひとつ。

★お□《ちゃ》をいれる。

★かざりが□《いっ》つある。

★□《ふる》着《ぎ》をきる。

★□《か》□《がく》あそび。

★□《たけ》□《ざい》□《く》をつくる。

★□《け》□《いと》であむ。

★□《や》□《そう》をとる。

★□《だい》にのせた□《がん》□《せき》。

★とりの□《は》根《ね》をかざる。

★□《ちゅう》□《がく》□《せい》になる。

★五さい以《い》□《か》の子ども。

★□《よ》□《にん》の□《あね》。

★□《どう》□《じ》にはじめる。

★□《はっ》さいの□《おんな》の□《こ》。

★□《ある》いてくる。

★□《いもうと》に□《ちか》づく。

★お□《ねえ》さんとあそぶ。

★□《ゆき》のように□《しろ》い。

★□《かい》のような□《かたち》。

★おきゃくさんが□《こ》ない。

★仕《し》□《かた》がない。

★ちゅうせんに□《あ》たる。

★□《しょう》□《がく》□《せい》になる。

★□《とお》りかかる。

★□《こう》□《ばん》にむかう。

★□□《きょう》、きめる。

★□《あたら》しくオープンする。

★□《きょう》□《ふう》のごはん。

★□《ひゃく》□《えん》をしはらう。

★□《の》□《はら》でかけまわる。

★□《たか》いしなもの。

★□《あし》□《ばや》にたちさる。

★□《な》づけのおや。

★お□《てら》にいく□《ひと》。

★ひとごみをおし□《わ》ける。

★□《おとこ》がこちらに□《き》た。

★□《やま》もりのやきそば。

★□《じっ》□《ぷん》がたつ。

★□《ほん》□《とう》のこと。

★これまで以《い》□《じょう》にしんけん。

★□《ひと》□《くち》でたべる

★□《さと》におりる。

★意《い》□《がい》なことば。

★お□《ひる》になる。

★□《に》□《まん》□《えん》をこえる。

★□《ちょく》□《せん》をかく。

★□《げん》□《き》よくあそぶ。

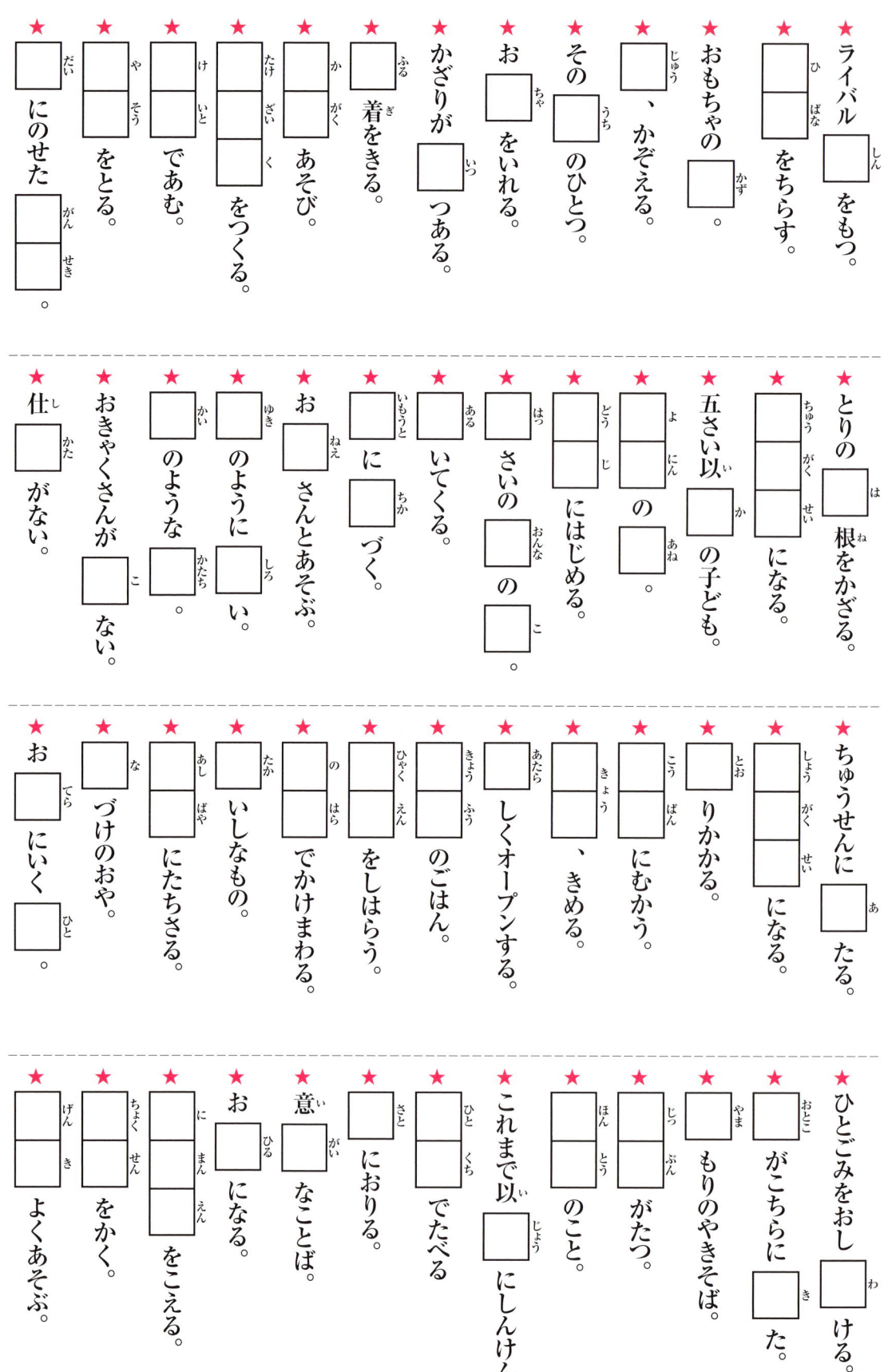

漢字攻略《かんじこうりゃく》
中級編《ちゅうきゅうへん》

三年生の学習漢字

暗号をとけ！

P26

四年生の学習漢字

古代の戦士とひみつのはか

P44

攻略！
三年生の学習漢字

暗号をとけ！

文・すとうあさえ

あしたから、春休みだというのに、うちは、なんにも**予定**がない。

パパは本をつくる会社につとめていて、いそがしい。休みの日に、「サッカーしよう」って言っても、「**調**べものがあるからだめ」って言う。

もう、パパにはなんにも**期待**しない。

ぼくには、サッカーがある。ゴールキーパーになるんだもん。

チームの**守**り**神**さ。

あしたからの**練習**、がんばるぞ。

ぼくは、気合いを入れて、スポーツバッグにくつをおしこんだ。

そのとたん！　ベリッ。へんな音がした。

「あっ、バッグに、あながあいた！」

ママが、お**皿**をふきながら言った。

「あらら。でも、よくもったわね。光一《こういち》が水**泳**を**始**めたときに買ったんだから。それにしても、あした**持**っていくバッグがないのは**問題**ね」

暗号《あんごう》　予定《よてい》　調《しら》べる　期待《きたい》　守《まも》り神《がみ》

暗号　予定　調　期待　守神

練習《れんしゅう》　お皿《さら》　水泳《すいえい》　始《はじ》める　持《も》つ　問題《もんだい》

練習　皿　泳　始　持　問題

読んで　書いて　漢字マスター

すると、おばあちゃんが、いきなりパンッと手をたたいて、立ち上がった。

「たしか、ほとんど**使**ってない鉄平《てっぺい》のバッグがあったはず」

すぐに、二**階**の自分の**部屋**に上がって行った。ぼくも、**追**いかけた。

おばあちゃんのおし入れには、家《か》**族**からわすれ**去**られた**物**たちが、きちんと**整**理されて入っていた。大きな金魚《きんぎょ》ばちみたいなものもあった。

「ぼく、これ知ってる。火ばちだよね」

「ピンポーン。**炭**をもやしてあたたまるの。**昭和**のストーブってとこね」

「あっ、この**箱**、ママがすきな**有**名《めい》なチョコレートやさんのだ」

あけてみると、いろんなバッジが入っていた。

「鉄平の校**章**よ。和田《わだ》中とか、和田小とか。その**他**、いろいろね」

「あれ、パパは、ぼくと同じ小川《おがわ》小じゃないの？」

「あのころは、和田小しかなかったのよ。あっ、あの**銀**色のふくろだわ」

おばあちゃんは、ふくろを引っぱり出すと、中からバッグを**取**り出した。

「ほら、どう？　新《しん》**品**でしょ」

それは、白くて赤い三本線が入っていて、ぼくのより百**倍**くらい新しいバッグだった。ぼくは、いっぺんで気に入った。

「なんでパパは使わなかったの？」

使《つか》う　二《に》階《かい》　部《へ》屋《や》　追《お》う　家《か》族《ぞく》　去《さ》る　物《もの》　整《せい》理《り》　炭《すみ》　昭《しょう》和《わ》

使　階　部　屋　追　族　去　物　整　炭　昭　和

箱《はこ》　有《ゆう》名《めい》　校《こう》章《しょう》　他《た》　銀《ぎん》色《いろ》　取《と》る　新《しん》品《ぴん》　百《ひゃく》倍《ばい》

箱　有　章　他　銀　取　品　倍

「六年の三学期に、バッグにあながあいちゃって。おじいちゃんが、すぐに**駅**前のスポーツ店《てん》で買ってきてくれたの。でも中学には**決**められたバッグがあったから、これは、おし入れの中でねむることになったってわけ」

おじいちゃんは、ぼくが生《う》まれる前に**死**んじゃったから、**写真**でしか知らない。おじいちゃん、**助**かったよ。ありがとう。


次の日、パパのバッグを持って、小川小にサッカーの練習に行った。

練習が**終**わって**服**を**着**がえていると、**岸**コーチがバッグを見て言った。

「菊池《きくち》、しぶいバッグだな。ちょっと失《しつ》**礼**」

コーチは、バッグをひょいと持つと、

「おっ。けっこう**軽**いな。これ、どうしたんだい」

「父が小学生のとき使ってたんです」

「へえ、すごいな。年**代**物じゃないか」

ぼくは、ちょっとうれしくなった。

友だちのたくが、よってきて言った。

「ねえ、中を、見せてよ」

「うん。けっこう、ポケットが多いんだ。ほら。あっ、なんだ、これ」

ポケットの中に、さらにチャックのついた小さなポケットを**発**見。チャッ

駅前《えきまえ》　決《き》める　死《し》ぬ　写真《しゃしん》　助《たす》かる　次《つぎ》　終《お》わる　服《ふく》　着《き》がえ　岸《きし》　失礼《しつれい》　軽《かる》い

駅　決　死　写真　助　次　終　服　着　岸　礼　軽

年代物《ねんだいもの》　発見《はっけん》

代　発

クをあけたら、ビニールのふくろが入っていた。中に紙が入っている。

「一九九一」って書いてある。

「早く、見せてよ」

たくがバッグをのぞきこもうとしたとき、岸コーチの声がとんだ。

「みんな、早く帰れよ。また、あしたな！」

「はーい！」

あわてて紙をしまい、ぼくたちは校**庭**を出た。

おなかがぐうって鳴ったけど、ポケットの中の物をたしかめなくちゃ。

ぼくらは、いつもの場**所**に行くことにした。

酒屋の**横**を右に**曲**がると、女の子が自**転**車《しゃ》に**乗**って出てきた。

「あれ、みきじゃないか」

みきは、学**級委員**だ。ぼくたち三人は、保《ほ》**育**園のころからいっしょだ。

「あんたたち、なに**急**いでるのよ。教えなさいっ。**相談**に乗るわよ」

保育園のときから、なぜかみきだけは、ごまかすことができない。

「わかったよ。じゃあ、来いよ」

「ふふ。はーい」

ぼくらは、地《ち》**区**会**館**のうらに**着**いた。保育園のとき、**注**射《しゃ》がいやで、三人でにげ出した場所だ。今は、ぼくとたくのひみつ基《き》地だ。

校庭《こうてい》 場所《ばしょ》 酒屋《さかや》 横《よこ》 曲《ま》がる 自転車《じてんしゃ》 乗《の》る 学級《がっきゅう》 委員《いいん》 保育園《ほいくえん》 急《いそ》ぐ

庭 所 酒 横 曲 転 乗 級 委員 育 急

相談《そうだん》 地区《ちく》 会館《かいかん》 着《つ》く 注射《ちゅうしゃ》

相談 区 館 着 注

みきが、なつかしそうに言った。

「**寒**い日だったね。園長先生、わたしたちを見つけたとき、なきそうだったね。たくったら、木**登**りして**落**ちて、ひざから**血**を出してないてたよね、ね」

「もう、うるさいな。こうちゃん、早く見ようよ」

ぼくは、さっそく、バッグからビニールのふくろを取り出した。

みきが、**身**を乗り出した。

ぼくは、ビニールのふくろの口にべたっとはってあるセロハンテープをむりやりはがして、「一九九二」って書いてある紙を出した。

おりたたんである紙を**開**いたとたん、たくは、ため**息**をついた。

「なーんだ。**漢**字ばっかだ」

たくは、**勉**強がきらいだ。とくに**漢**字が**苦**手で、**短**い文章を読むのに何**度**もつかえる。

反対に、みきは国語《ご》が大の得《とく》**意**。

うれしすぎて、**鼻**がふくらんでいる。

「わあ、漢字の行《ぎょう》**列**。楽しい！」

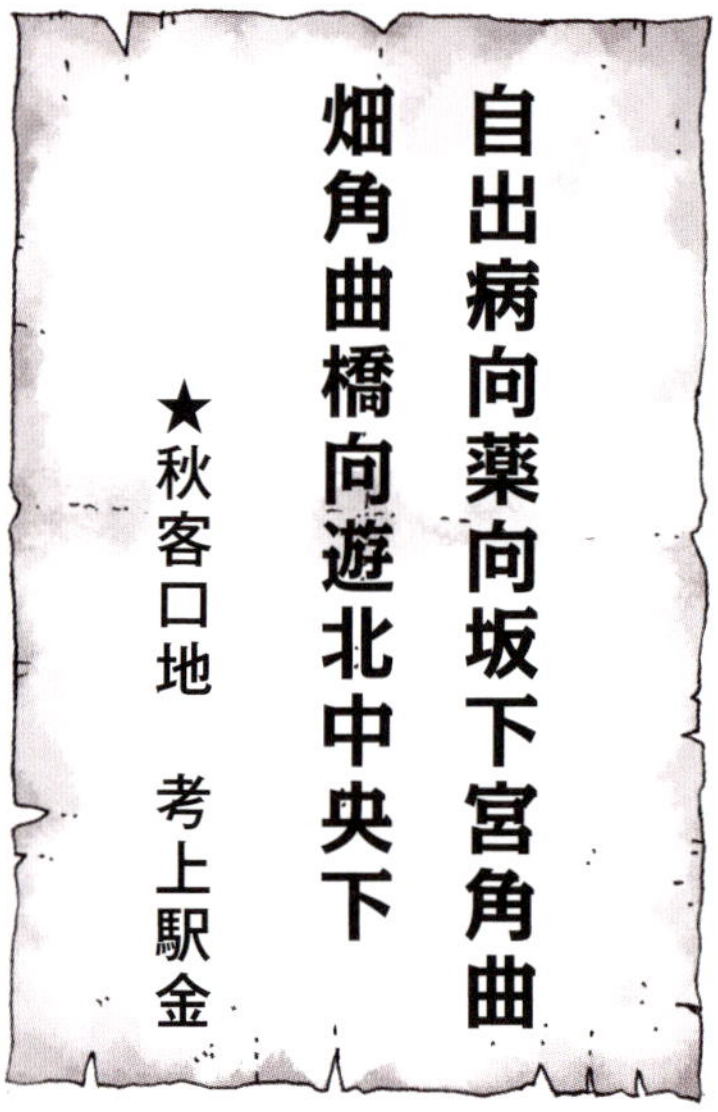

寒《さむ》い　登《のぼ》る　落《お》ちる　血《ち》　身《み》　開《ひら》く　ため息《いき》　漢字《かんじ》　勉強《べんきょう》　苦手《にがて》　短《みじか》い　何度《なんど》

寒　登　落　血　身　開　息　漢　勉　苦　短　度

反対《はんたい》　得意《とくい》　鼻《はな》　行列《ぎょうれつ》

対反　意　鼻　列

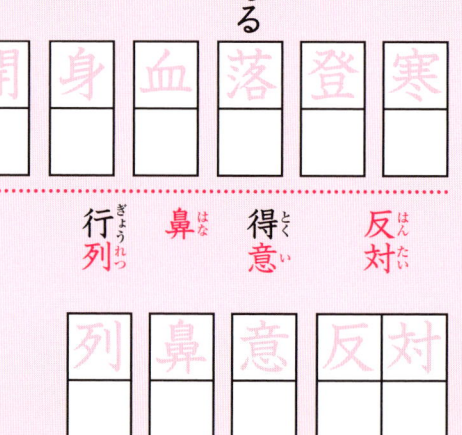

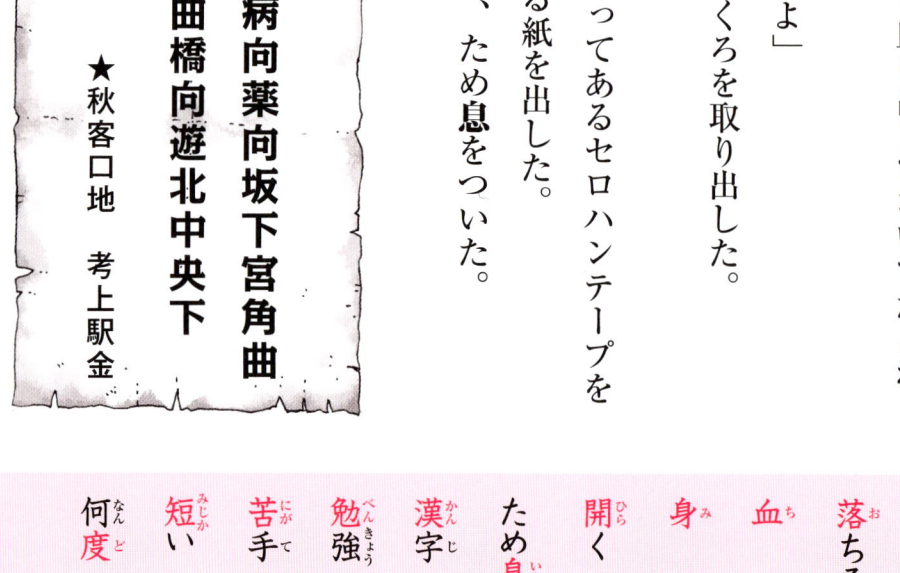

みきは、はりきって漢字を読み始めた。

「じしゅつびょうこうやくこうさかしたみやかくきょくはたけかくきょくはしこうゆうきたちゅうおうした。あききゃくくちち　こううえききん。なにこれ。おきょうみたい」

ぼくは、ぴんときた。

「暗号だ。たからものがうめてあるんだ」

「だれがうめたの？」

「きっと、ぼくのパパだよ。パパのバッグだもん」

「じゃあ、お父さんに聞いてみたら？」

「パパは**仕事**のオニだから、暗号なんか興《きょう》**味**ないよ。ぼくが、とく」

「こうちゃん、ぼくもやる」

「わたしもやるわ。漢字ならまかせて」

「よし。このことは三人のひみつだ」

ぼくらは、**指**きりげんまんをした。保育園のときみたいに。

次の日の午後、ぼくらはたくの家に**集**合して、暗号文とにらみあった。

たくの家は駅前**商**店がいにある八百《やお》屋さんだ。

仕事《しごと》　興味《きょうみ》　指《ゆび》　集合《しゅうごう》　商店《しょうてん》

仕事　味　指　集　商

発展《はってん》

★次の漢字を読んでみましょう。

①調和がとれる。
②そろばんを習う。
③行動を開始する。
④やっと決心する。
⑤軽食をとる。

（答え）①ちょうわ ②なら ③かいし ④けっしん ⑤けいしょく

「ああ！　つかれたあ。漢字はいやだあ」

たくが、ごろんと、ねっころがった。

「たくは、漢字読めないもんな」

ぼくが、小さい声でそう言うと、たくは、がばっと**起**き上がって、紙に大きく『温州《うんしゅう》みかん』と書いた。

「こうちゃん、これ読めるか」

「なんだよ。漢字対こう戦《せん》か。かんたーん。おんしゅうみかん」

「**勝**ったぞ！　うんしゅうみかんだよーん。一番の生産《さん》地は和歌山《わかやま》**県**さ」

「勝ち**負**けじゃないだろ。たくは、八百屋さんだから読めて当たり前だろ」

すると、漢字を見ながら、じっと考えこんでいたみきが、大声で言った。

「わかった！」

みきは、まるでノーベル賞《しょう》を**受**賞した**化**学**者**のように話し出した。

「あききゃくくちち　こううええききん。

あききゃくくちち　こううええききん」

まるで外国語の**詩**みたいだ。

「気がつかないの？」

ぼくらは、首を横にふった。

「では、**申**し上げます。あき、きゃく、くち、ち。これ、しりとりよ。**重**

起《お》きる　起
勝《か》つ　勝
和歌山県《わかやまけん》　県
負《ま》け　負
受賞《じゅしょう》　受
化学者《かがくしゃ》　化者
詩《し》　詩
申《もう》す　申
重《かさ》なる　重

なる字を読んでみて。はい、こうちゃん」

「うーんと。き、く、ち。え！　ぼくだ」

「そう。こうちゃんのお父さんのことよ。もう一人は、たく、読んでみて」

「ええと。う、え、き。うえきって人だ」

「そうよ。きくち**君**とうえき君が、この暗号を作ったんだわ」

みき、すごい。ぼくは、心からそう思った。

「長《なが》い方は、**宿**題にしよう。たくとわたしは、漢字を書き**写**さなくちゃ。たく、**落**書き**帳**でいいから、紙とえん**筆**、かして」

「あーあ。**世界**には漢字のない国《くに》がいっぱいあるのに、ぼくは、なんで日本に生まれちゃったんだろう」

そのとき、たくのお母さんがおやつに南《なん》京《きん》**豆**と麦茶を持ってきてくれた。**氷**がガラスのコップにぶつかってカラカラ音を立てた。

「おやまあ、漢字の勉強かい。えらいねー」

三人は、ふふ、へへ、ははとわらいながら、麦茶を一気に**飲**みほした。

「ひえー。つめたーい！　おばさん、氷を入れすぎ」

次に会《あ》うのは、五日後だ。みきが家族で**旅**行《こう》に行くからだ。

「わたしが帰るまで、二人でやっちゃだめよ。**命**にかけてちかってよ」

「わかったよ」

君《くん》　宿《しゅく》題《だい》　写《うつ》す　落《らく》書《が》き　帳《ちょう》　えん筆《ぴつ》　世《せ》界《かい》　南《なん》京《きん》豆《まめ》　氷《こおり》　飲《の》む　旅《りょ》行《こう》　命《いのち》

君　宿　写　落　帳　筆　世界　豆　氷　飲　旅　命

ぼくとたくじゃ、**進**みっこないし。

三日《みっ》後、サッカーから帰ると、おばあちゃんが、手紙をぼくにわたした。ふうとうのうらに、『河口《かわぐち》**湖**にて。みき』って書いてある。

おばあちゃんは、エプロンのひもをむすびながら言った。

「みきちゃん、河口湖にいるのね。たしか、**去**年は九**州**に行ってたわよね。こうちゃん、おなかすいたでしょう。ママは今、**美**容《よう》**院**に行ってるの。お昼はイタリア**式**ランチよ」

「スパゲティだ」

「ピンポーン！　できたらよぶわね」

ぼくは、部屋に行くと、急いでふうとうから手紙を出した。びんせんを開くと、**消**しゴムのカスがパラパラ落ちた。

『光一さま。なぞとける。楽しみに**待**て。水とうとおにぎりとおかしを用意。（親には自**主研究**で町《まち》たんけんに行くと言えばよい）四月二日十時に光一の家に集合。たくにつたえよ。（きのうヤマメをつった。**油**であげて食べた。おいしかった）みき』

やっぱり、みきってすごい。たんていになれる。

進《すす》む　河口《かわぐち》湖《こ》　去年《きょねん》　九州《きゅうしゅう》　美容院《びよういん》　式《しき》　消《け》しゴム　待《ま》つ　自主《じしゅ》　研究《けんきゅう》　油《あぶら》

進　湖　去　州　美　院　式　消　待　主　研　究　油

五日ぶりに、**全**員がそろうと、みきが、得意そうに言った。

「長い暗号に、同じ字が出てきます。たく、同じ字は、どれですか」

「なんか、学校みたい。えーと、『**向**かう』『曲がる』『角』でーす」

ぼくは、ピンッときた。

「『向かう』『曲がる』『角』。これって、漢字地図《ず》なんじゃないか」

「当たり！『自』は、自分」

「パパのことだ。この家を出るってことだ！」

「そして、**病**院の方へ向かう。ね、わかる？」

「すごいぞ。わかった。よし。出発だ！　**荷物**をわすれるなよ」

「おー！」

ぼくらは、はりきって、家を出た。今日は、四月なのにけっこう**暑**い。

五月中ごろの気**温**になるって、ママが言ってた。

みきが、漢字地図をもう一度見ながら言った。

「病院に向かうのよね。こうちゃん、どっちだと思う」

右に行くと**動物**病院、左に行くと**歯医**者。どっちの病院かな。

「次が**薬**だから、**薬局**がある方か…」

「**両**方あるわ」

すると、たくが言った。

全《ぜん》員《いん》　向《む》かう　病《びょう》院《いん》　荷《に》物《もつ》　暑《あつ》い　気《き》温《おん》　動《どう》物《ぶつ》　歯《は》医《い》者《しゃ》　薬《くすり》　薬《やっ》局《きょく》

全　向　病　荷物　暑　温　動物　歯医　薬　薬局

両《りょう》方《ほう》

両

「小川小の方さ。おじさんも小川だろう。**遊**びなれてる方へ行くもんだよ」

「それなら、動物病院の方だ。パパは和田小だったんだって」

「へえー」

ぼくらは動物病院に向かい、交さ点を薬局の方へと歩いた。次は**坂**だ。

みきが、首をかしげながら言った。

「なんかへんよ。薬局をずいぶんすぎてるのに、坂がないもん」

「もう少し行ってみようよ。はい、あめでもなめてさ」

たくが、あめを**配**ってくれた。

「これ、**笛**になるんだ。お**客**さんが大**島**のおみやげに、くれたんだ」

「大島は東京**都**よね。わたし、一回行ったわ。海があれて**波**がすごくて、**板**の下《した》は**深**い海だって**想**像《ぞう》したらこわかった。**港**に着いて、ほっとしたわ」

「みきにも、こわいもんあるんだ。なにがあっても**平**気かと思った」

「ふん！」

ぼくらは、しゃべったり、笛あめをピーピーふいたりしながら歩いた。

でも、あめがとけても、坂がない。

「へんだわ。『向』は、『むかう』よね」

「あっ、ひょっとして、『むかい』っていう意味もあるんじゃないか」

「こうちゃん、そうよ。そのとおりよ。もどろう」

遊《あそ》ぶ　坂《さか》　配《くば》る　笛《ふえ》　お客《きゃく》　大島《おおしま》　東京都《とうきょうと》　波《なみ》　板《いた》　深《ふか》い　想像《そうぞう》　港《みなと》　平気《へいき》

遊	坂	配	笛	客	島	都	波	板	深	想	港	平

ぼくらは、すぐに引き**返**した。

思ったとおり、薬局の向かいに、ゆるく曲がっている坂があった。

三人でたらたらと坂を下《くだ》って行くと、お**宮**が見えてきた。

「あれ、ぼく、パパとここのお**祭**りに来たことがある」

「ぼくも、ギンナン**拾**いに来た。知ってるか。イチョウの**実**のことだよ」

お宮には、イチョウの木がでーんとはえていた。ぼくらは、その木の**根**もとにすわってお弁《べん》当を食べることにした。

まわりの木の**葉**が、まだ黄**緑**色でつやつやしてきれいだ。

おにぎりも、すごくおいしかった。

食べ終わると、みきの声がひびいた。

「さあ、行くわよ！」

ぼくらは、お宮の**正**《しょう》**面**に立ってみた。

「角を曲がっていくと、**畑**があるはずだ」

「どっちの角かしら。あっち？　こっち？　こうちゃん、どっちの角だと思う？」

「あっちの角はとなりの家の車**庫**で、こっちの角はお宮のへいだから、こっちだと思うな。うん。そんな**感**じがする」

返《かえ》す
お宮《みや》
お祭《まつ》り
拾《ひろ》う
実《み》
根《ね》もと
葉《は》
黄《き》緑《みどり》色《いろ》
正面《しょうめん》
畑《はたけ》
車《しゃ》庫《こ》
感《かん》じ

返　宮　祭　拾　実　根　葉　緑　面　畑　庫　感

ぼくらは、へいの角を曲がった。

でも、たて売り住宅《たく》がならんでいて、畑なんかどこにもない。

みきは、いきなり、犬のさんぽをしている女の人に話しかけた。電柱におしっこをしようとしていた犬が、おどろいて、ワンワンほえた。

「すいません。ここらへんに畑ありますか」

「いいえ。長く住んでるけど農業をやってた人はいないわね。でもあそこからあの道路の所まで、畑さんのおやしきだったのよ。ふふ、『畑』ちがいだけど」

「ありがとうございます！」

ぼくらは、小さくガッツポーズをした。

「畑って、畑さんだったんだ」

「なるほどね。思いつかなかったわ。次は、橋よ。行くわよ」

みきは、リーダー役にぴったりだ。

たくは、走るのが速い。五十メートル八秒だ。運動会ではいつも一等だ。

でもちょっと気が弱い。チーターの皮をかぶった羊ってとこかな。

ぼくは、なんだろう。わからないや。

たて売り住宅の角を曲がって、そのまま歩いて行くと、遊歩《ほ》道にぶつかった。

住宅《じゅうたく》 住
電柱《でんちゅう》 柱
住《す》む 住
農業《のうぎょう》 農業
道路《どうろ》 路
所《ところ》 所
橋《はし》 橋
役《やく》 役
速《はや》い 速
八秒《はちびょう》 秒
運動会《うんどうかい》 運
一等《いっとう》 等

皮《かわ》 皮
羊《ひつじ》 羊
遊歩道《ゆうほどう》 遊

「この道の下って、川が**流**れてるんだよね。社会のじゅ業でやったよね」

「こうちゃん、そのとおりよ。川よ。だから、橋もあったはずだわ」

「橋の『向かい』に『遊び』。『遊び』ってなんだろう」

「たく、ほら、ここに橋がかかっていたとすると、『向こう』に、公園があるわ」

「四**丁**目児《じ》**童**公園って書いてある」

　ぼくらは、公園の中に入って行った。おじぞう**様**があった。入り口の立てふだに公園のれきしが書いてあった。

　漢字の得意なみきの出番だ。

「えーと、**昔**、川があふれてたくさんの人がなくなる**悲**しいことがあったんだって。だからみんなの**安**全を見守る石じぞうをたてたそうよ。今は四丁目児童公園だけど、前は**第**四遊び場って言ってたんだって」

「じゃあ、この公園の北《きた》中**央**下に、たから？」

「北って、どっちだ？」

　ぼくらは、ジャングルジムに登って、公園を見回《まわ》したけど、わからない。

みきが、言った。

「あした、じしゃくを持ってくるわ。スコップは、全員持ってくること」

「おー！」

流《なが》れる　四《よん》丁《ちょう》目《め》　児《じ》童《どう》　様《さま》　昔《むかし》　悲《かな》しい　安《あん》全《ぜん》　第《だい》四《よん》　中《ちゅう》央《おう》

流　丁　童　様　昔　悲　安　第　央

いよいよ、たからをほりおこす。でも、パパにないしょで、いいのかなあ。

なんだか、ちょっと**悪**い気がしてきた。


その日、パパはめずらしく早く帰ってきた。

ひさしぶりに、いっしょにおふろに入って、**湯**船《ぶね》につかった。

「光一、サッカーはどうだ」

「うん。がんばってるよ」

「そうか。ひとしずくの水も、川となり、海となり、太《たい》平**洋**に**注**ぐ。小さなどりょくを重ねていけば、ゆめはかなうもんさ」

「パパのゆめは、かなった?」

「どうかな。パパは、クイズを作るのがすきだから、今の会社に入ったけど、なかなかクイズの本は作らせてもらえないな」

「ね、小学生のとき、親友いた?」

「いたさ。同じ野**球部**でさ、パパは**打**っても**投**げてもうまかったけど、そいつはいつも道**具係**だった。**放**課《か》後、二人でクイズや暗号を作ったもんさ。そいつは、小六で引っこした。遊び**相**手がいなくなるのはさみしかったよ」

「あのさ、あのさ。その子、うえき君っていうんじゃない」

悪《わる》い　湯《ゆ》船《ぶね》　太《たい》平《へい》洋《よう》　注《そそ》ぐ　野《や》球《きゅう》部《ぶ》　打《う》つ　投《な》げる　道《どう》具《ぐ》係《がかり》　放《ほう》課《か》後《ご》　相《あい》手《て》

悪　湯　洋　注　球部　打　投　具係　放　相

パパの**表**情《じょう》が、いっしゅん、かわった。

「光一、出るぞ。話はそれからだ。ああ、のぼせたー」

ぼくは、おふろから出ると、暗号を見せた。

パパは、暗号を、なつかしそうに、じっと見つめながら言った。

「**植**木が引っこす前の日に、二十さいになったらほろうって、タイムカプセルをうめたんだ。一九九一年だからもうすぎちゃったけどな」

そうか、「一九九一」はほり出す年《とし》のことだったんだ！

「光一、これは暗号地図だぞ。とけたのか」

「うん！」

「なかなか、やるな」

ママがテーブルにお皿をならべながら言った。

「ごはんにしましょう。今日は、やき肉よ。ほら、パパ、**鉄板**を出して」

パパは、立ち上がりながら、小さい声で言った。

「光一、今度の土曜にほるぞ。出《しゅっ》発は十一時四十分。植木にも知らせよう。でも、たしか外国に住んでるって聞いたな」

十一時四十分なんて、へんな時間。理**由**はわからないけど、ま、いいや。

ぼくは、みきとたくにれんらくした。

表情《ひょうじょう》　植木《うえき》　鉄板《てっぱん》　理由《りゆう》

表　植　鉄板　由

発展《はってん》

★次の漢字を読んでみましょう。
①タクシーに乗車する。
②急用で出かける。
③速度を落とす。
④トラックで運ぶ。
⑤流星が見えた。

（答え）①じょうしゃ ②きゅうよう ③そくど ④はこ ⑤りゅうせい

いよいよ土曜日だ。結局《けっ》、植木君の住所はわからなかった。

でも、パパは、シャベルをかついで、すごくうれしそうだ。

「へえ。畑さんちはなくなったのか」

歩きながら、いちいち、おどろいている。

「橋もないし、公園の名前もかわってる。でもおじぞう様はかわらないな。よし。今、十二時だ。**太陽**は、ほぼ南《みなみ》にある。だから、北はあっちだ」

すごい。太陽でわかるんだ。

パパは、もくもくとシャベルであなをほり始めた。

カチッ。なにかに当たった。パパは、あなに手をつっこんで取り出した。おせんべいのカンだ。あけてみた。ビニールのふくろが二つ、入っていた。

「菊池」「植木」って書かれている。

パパは「菊池」のふくろをあけると、アハハとわらい始めた。

「なけてきちゃうよ。じいちゃんが買ってくれたクイズの本。古いなあ。電車シール。これ、はやってたんだ。あ、手紙だ」

パパは手紙を読み終えると、だまって空を見上げた。

手紙にはこう書いてあった。

『今、**君**が、**幸福**だとぼくはうれしい。美人《じん》とつきあっていたらうれしい。

太陽《たいよう》
君《きみ》
幸福《こうふく》

陽
君
幸福

発展《はってん》

★次の漢字を読んでみましょう。
①悪人をつかまえる。
②急いで登校する。
③息が苦しい。
④短歌をよむ。
⑤かいぎで指名される。

（答え）①あくにん ②とうこう ③くる ④たんか ⑤しめい

クイズの会社をめざして、毎日クイズを作っていたらうれしい。植木とお**酒**を飲んでたら、うれしい。十二さいの君より』

パパは、植木君のはあけなかった。住所をつきとめて、**送**るんだって。

次の日から、ぼくとみきとたくは、暗号作りに取りかかった。

もちろん、タイムカプセルをうめるためさ。

ほり出すのは、二〇二二。ぼくらが、二十さいになったときだ。

お酒《さけ》　送《おく》る

酒　送

発《はっ》展《てん》

★次の漢字を読んでみましょう。

①筆箱をあける。
②人が集まる。
③荷物を発送する。
④柱でささえている。
⑤投球の練習をする。

（答え）①ふでばこ ②あつ ③はっそう ④はしら ⑤とうきゅう

攻略！

攻略！
四年生の学習漢字

古代の戦士とひみつのはか

文・ささきあり

一

「航《こう》希《き》、おそいぞ！」

ぞう木林《ばやし》の前で、リョウが手を**挙**げる。**側**にいたハル、**陸**、和《かず》馬《ま》が、にっと**笑**った。

「神《じん》社まで**競**走な。よーい、どん！」

おれはリョウとならんで走った。マンションが立ちならぶ住宅《たく》**街**でも、ここだけは緑でいっぱいだ。**松**、**梅**、すぎなど、様々な**種類**の木がある。

神社に着くと、広場に空《あ》きカンを**置**いて、じゃんけんをした。負けてオニになったリョウが数《かぞ》を数え始め、**各**自が**別**々にかくれる。

ぞう木林は広いから、かくれる場所は神社を中心に直**径約**五十メートルをはん**囲**とした。神社**周**りは地域《いき》のお年よりや、放**課**後**児**童クラブが定期**的**にそうじや草《くさ》かりをしているため、土《つち》がふみ**固**められて、歩きやすい。

読んで 書いて
漢字マスター

戦《せん》士《し》 挙《あ》げる 側《そば》 陸《りく》 笑《わら》う 競《きょう》走《そう》 住《じゅう》宅《たく》街《がい》 松《まつ》 梅《うめ》 種《しゅ》類《るい》 置《お》く

戦 士 挙 側 陸 笑 競 街 松 梅 種 類 置

各《かく》自《じ》 別《べつ》々《べつ》 直《ちょっ》径《けい》 約《やく》 はん囲《い》 周《まわ》り 放《ほう》課《か》後《ご》 児《じ》童《どう》 定《てい》期《き》的《てき》 固《かた》める

各 別 径 約 囲 周 課 児 的 固

おれ**達**は体《からだ》を**低**くしてざっ草にひそむか、**連**なる木のみきにかくれるかして、オニの様子《ようす》をうかがった。数え終えたリョウが歩き出す。

「ハル、見つけた！」

ハルが出てくると、リョウは元《もと》の**位置**にもどり、足でカンをおさえた。かくれている者《もの》にカンをけ**飛**ばされたら、**最初**からやり直しになるからだ。

しばらくすると、和馬が見つかり、**続**いて陸も見つかった。

「**残**るは、おれだけか。**仲**間《ま》を**救**ってやらないとな」

おれはズルをして、決められたはん囲を出た。大回りして神社のうら手に行くと、同じクラスの中村葉月《なかむらはづき》がいた。バッグを持って、**標**識《しき》らしきものを見つめている。

先週から、となりの**席**になったんだけど、本ばかり読んでいる**印象**だ。去《きょ》年は読書感想文コンクールで入**賞**してたし、本が**好**きなんだろう。

何をやっているのかな？

少し気になったけど、草むらをぬけて、神社の反対**側**に出た。**建**物にかくれて、リョウを**観察**する。リョウがこっちに来るのが見えた。

おれはあわてて顔をひっこめ、神社のうら手にもどった。ざっ草がおいしげる中を走っていくと、葉月の背《せ》中が見えた。追いこそうとした時、ずぼっと、足が土にくいこんだ。ズザーッと、地面がくずれ落ちる。

おれ達《たち》　低《ひく》い　連《つら》なる　位置《いち》　飛《と》ぶ　最初《さいしょ》　続《つづ》く　残《のこ》る　仲間《なかま》　救《すく》う　標識《ひょうしき》

達　低　連　位置　飛　最初　続　残　仲　救　標

席《せき》　印象《いんしょう》　入賞《にゅうしょう》　好《す》き　反対側《はんたいがわ》　建物《たてもの》　観察《かんさつ》

席　印象　賞　好　側　建　観察

「うわあああ！」「きゃあー！」

あなの**底**にぶつかると同時に、ひざがガクッと**折**れ、その場にたおれた。足首やひざ、手首といった**節**々がいたむ。おれは起き上がると、全身《しん》に**浴**びた土やすなを、手ではらった。となりに葉月がたおれている。

「おい、だいじょうぶか？」

葉月は起き上がると、ゴホゴホッとせきこんだ。ほこりが、こきゅう**器官**に入ったんだろう。**衣**服が**粉**をふりまいたみたいに白くなって、そでにはくもの**巣**までくっ**付**いている。

葉月は目をこすると、**辺**りを見回した。おれも周りを見る。

石**材**を**積**み上げて作った部屋のようだ。おれ達の背中側は土しゃにうまっているけど、目の前には部屋が続いている。先に門のような入り口があって、ぼろぼろの茶色いぬのがかかっていた。

「なんだ、ここ？」

「たぶん、古《こ》ふんの中だよ」

葉月が側に落ちていたバッグから、**辞典**のようにぶあつい本を取り出した。図書館で**借**りた本のようだ。

「ほら。この写真と、にてるでしょ？」

葉月が本を開くと、印**刷**のインクのにおいがした。開いたページに「六

底《そこ》　折《お》れる　節《ふし》々《ぶし》　浴《あ》びる　器《き》官《かん》　衣《い》服《ふく》　粉《こな》　巣《す》　付《つ》く　辺《あた》り　石《せき》材《ざい》　積《つ》む

辞《じ》典《てん》　借《か》りる　印《いん》刷《さつ》

世**紀初**めの古ふんの石室」と書かれた写真がある。

「古ふんって何？」

「古代のえらい人のおはかのこと。ここのぞう木林は古ふんだったっていう**伝説**があるんだよ」

「昔は**機械**もないだろうに、こんな大きな石、どうやって積んだんだろう」

「すごいよね。土をもり上げて、かぎあなみたいな形にもしたんだよ」

「へえ～、よく知っているなあ。古ふん**博士**だ」

おれが感心すると、葉月は顔を赤くして、本に目を落とした。

「神社うらの**案**内板に、古ふん伝説のことが書かれていたから、調べていたの。**昨日**、**街**の**歴史**を調べようっていう宿題が出たでしょ？」

「そうだっけ？」

「**覚**えてないの？　期げんは、来週の月曜日だよ。山田くん、間に合う？」

「じゃあ、おれも古ふんのことを調べようかな。**協**力してやろうよ」

「でも」と、葉月が顔をしかめて、上《うえ》を見る。

「どうやって、ここから出る？」

すぐ底についた感じがしたから、**浅**いあなだと思っていたのに、見上げると地面は三メートルぐらい上にある。**簡**《かん》**単**にはのぼれそうもない。おれは立ち上がった。

世紀《せいき》　初《はじ》め　伝説《でんせつ》　機械《きかい》　博士《はかせ》　案内《あんない》　昨日《きのう》　街《まち》　歴史《れきし》

覚《おぼ》える　協力《きょうりょく》　浅《あさ》い　簡単《かんたん》

「そのうちに、リョウ達が見つけてくれるよ。それまで、調べようぜ」

葉月は「うん」と言って立ち上がり、衣服のほこりをはらい落とした。すると、おくの部屋から、なまぬるい風がふいてきた。天候が急《きゅう》に**変**わる時にふくような風だ。茶色いぬのがはためき、かすかに、うめき声のような音が聞こえる。

「うう……、ひい……」

おれは息を飲んで、後《うし》ろに下《さ》がった。ゴトッと、何かが足にぶつかる。

「な、何？」

葉月も、足元を見た。

「埴《はに》**輪**だよ。ねん土で人形とか船の形なんかを作って、**焼**いたもの」

「昔の**芸**術《じゅつ》作品か。それより、さっき、**変**な音がしなかった？」

「声みたいに聞こえたけど、風の音かも。**管**楽《がっ》器の音のようにも聞こえたし。なんだろう」

その時だった。足元の埴輪がコトコトっと、動いた。ぽっかりあいた目に、青白い光が点**灯**する。

「うわあああ！」

おれはさけび声を上げて、その場を飛びのいた。

天候《てんこう》　変《か》わる　埴輪《はにわ》　焼《や》く　芸術《げいじゅつ》　変《へん》な　管楽器《かんがっき》　点灯《てんとう》

候　変　輪　焼　芸　変　管　灯

二

動かないはずの埴輪が、おれ達のほうに顔を向け、おし**殺**したような声で話し始めた。

「わが国の子**孫**達に**告**ぐ。わたしはこのはかのあるじ、クラホベノミコの**臣**下であり、ミコを守る戦士である。わたしの**願**いを聞いてほしい」

ぼうれい？

おれはへなへなと、その場にすわった。葉月が聞き返す。

「わ……わが国って、日本国のことですか？　それとも、都道**府**県とか、この辺りの地域《いき》のことを言っているんですか？」

えぇーっ。気になるのは、そこ？

おれは思わず、心の中でつっこんだ。葉月って天**然**のボケキャラか？

「わが国とは、スマノクニシンゼン**郡**のことである。そなた達は**民**の血を**脈**々と受《う》けついでおる」

埴輪の戦士が言うと、目の前にふわりと、木**札**がうかんだ。かすれて読めないところもあるけれど、地域の名前らしい字が書かれている。

葉月が「住**民票**？」と、首をかしげてつぶやいた。

「あの、あたし達はここから出たいんです」

殺《ころ》す　子《し》孫《そん》　告《つ》ぐ　臣《しん》下《か》　願《ねが》い　都《と》道《どう》府《ふ》県《けん》　天《てん》然《ねん》　郡《ぐん》　民《たみ》　脈《みゃく》々《みゃく》　木《き》札《ふだ》　住《じゅう》民《みん》票《ひょう》

殺　孫　告　臣　願　府　然　郡　民　脈　札　民票

「わたしの願いを聞けば、そなたの**希望**も**必**ずかなうであろう」

「わかりました。聞きます。聞きます」

ぼうれいの言うことなんか、**信**じるなよー。

「おぬしらは**特別**に**選**ばれた民なのだ。さあ、ついて来るがよい」

そう言って、埴輪の戦士がおくの部屋へ向かう。うめき声が聞こえたほうだ。おれは葉月のうでを引っぱった。

「おれ、あっちへ行くの、やだよ」

「言うことを聞かなかったら、のろわれるかもしれないよ」

全身に鳥はだが立つ。にげ出したいという気持ちとは反対に、立ち上がっていた。「悪《あく》りょう**退**《たい》**散**」と**念**じながら、葉月に引っ付いて進む。

埴輪の戦士が入り口で**停止**《し》すると、かかっていたぬのが**旗**のようになびいて、部屋の中がまる見えになった。かべの松明《たいまつ》がもえ出し、辺りを**照**らす。

ミイラとか変なものがあったらこわい。おれは目をふせた。しめったほこりのにおいに、むかむかする。**健康**には自信があったのに、調子《ちょうし》が悪い。

葉月が、埴輪の戦士に聞いた。

「ここは、玄室《げんしつ》ですか？」

「そうだ。クラホベノミコがねむっている場所だ」

おれは**泣**きたくなった。

希望《きぼう》　必《かなら》ず　信《しん》じる　特別《とくべつ》　選《えら》ぶ　退散《たいさん》　念《ねん》じる　停止《ていし》　旗《はた》　照《て》らす　健康《けんこう》

希望	必	信	特	選	散	念	停	旗	照	健康

泣《な》く

泣

「死体があるの？」

「いや。もう体はない。だが、たましいが残っておる」

おれはこわごわ顔を上げた。入り口や部屋のかべに黒や赤、緑、黄色で、三角形《かっけい》や**帯**を**束**ねて**結**んだようなもよう、それに**漁**船や、放**牧**されている馬なんかがえがかれている。入り口のかべの手前には、つぼがならんでいた。

葉月が本をめくって読む。

「かべにえがかれたもようは、じゃ悪なものをよせ付けないようにする意味を持っていて、船や馬は、死者があの世《よ》に行くための乗り物なんだって。つぼや食器類は**給**仕《じ》用。ご**飯**とか野**菜**とか、食**料**《しょく》をおそなえしたらしいよ」

おれは、**胃**に**加**えて**腸**までもやもやとして気分が悪いのに、葉月は**冷静**だ。教**養**があるから、あわてないでいられるのかな。いつもはおとなしくても、実《じつ》は**勇**かんだったということか。それにくらべて、おれは弱いなあと反**省**する。

葉月が部屋に入ったので、おれもくっ付いて入った。こんなところで一人にされたら、**参**ってしまう。葉月がまっすぐ前をさした。

「ほら、あそこ。石屋形《いしやかた》の前に、**副**そう品がある」

部屋のおくに、石でできた大きな箱**型**のものがある。石屋形というらし

帯《おび》　束《たば》ねる　結《むす》ぶ　漁《ぎょ》船《せん》　放《ほう》牧《ぼく》　給《きゅう》仕《じ》　ご飯《はん》　野《や》菜《さい》　食料《しょくりょう》　胃《い》　加《くわ》える　腸《ちょう》

帯　束　結　漁　牧　給　飯　菜　料　胃　加　腸

冷静《れいせい》　教養《きょうよう》　勇《ゆう》かん　反省《はんせい》　参《まい》る　副《ふく》そう　箱型《がた》

冷静　養　勇　省　参　副　型

い。かべを背にして、左右《さゆう》の石板《せきばん》の上に屋根となる石板がのっている。だんろのようにも見える。死体を置いていたなら、あそこだろう。手前には、鉄でできた道具類が見える。

「副そう品って、何？」

「死者をまいそうする時、側に置くもの。**鏡**とか刀といった、じゃ悪なものをはらう道具や、あの世で使うもの、生きていた時に**愛**用していたものなんかのことよ」

埴輪の戦士が納**得**《なっ》したように「ふむ」と、つぶやいた。

「さすがは選ばれし民だけある。むだに長い年月を**費**やしたわけではなさそうだ。やっと、クラホベノミコを苦《くる》しみから救うことのできる**英**ゆうがあらわれたのだ」

「苦しみ？」

葉月が聞き返すと、埴輪の戦士はゆっくりと、ひと言《こと》ひと言をかみしめるように語った。

「昔、**塩**は**貨**へいの代《か》わりになるほど、きちょうなものだった。海《かい》水を**熱**して塩を作るのは大変な**労働**だ。わが国は塩の作り方を**改良**したことで他国より**産**出《しゅつ》**量**がふえ、ばく大な**利**益《えき》を**得**て**栄**えた。今のお金でいえば、**億**にも**兆**にもなるぐらい、**倉**に**貯**蔵《ぞう》されていたのだ」

鏡《かがみ》　愛《あい》用《よう》　納《なっ》得《とく》　費《つい》やす　英《えい》ゆう　塩《しお》　貨《か》へい　熱《ねっ》する　労《ろう》働《どう》　改《かい》良《りょう》

産《さん》出《しゅつ》量《りょう》　利《り》益《えき》　得《え》る　栄《さか》える　億《おく》　兆《ちょう》　倉《くら》　貯《ちょ》蔵《ぞう》

「利益？」

おれが首をかしげると、葉月がぴしゃりと言った。

「もうけること、得することよ」

おれがうなずくと、埴輪の戦士がまた語り出した。

「ある時、となりの国を**治**める**氏**族が塩をうばうため、**軍隊**を引きつれてやってきた。クラホベノミコは敵《てき》に、力でおどすのはよくないと、こう**議**した。しかし、敵は戦**争**をしかけてきた。ミコは**司令**となって民しゅうと**共**に応《おう》戦しながら、話し合いを**求**めた。敵の**要求**にも耳をかそうとしたが、すべてが**徒**労に終わった。敵が暗**殺**者を送りこみ、ミコに**毒**を飲ませたのだ。民しゅうの**兵**隊は**包**囲され、わが国は**敗**れた。**戦**いに**関**係した民は敵にとらえられ、塩もうばわれた。

ミコは毒の**害**に苦しんだ**末**になくなった。なくなる直前、わたしに民を守り、国がふたたび栄えるようにせよと命《めい》令した。だが、年**老**いていたわたしは役目を**果**たすことなく、死んだのだ」

埴輪の戦士の声が弱くなる。葉月が悲しげな顔をした。

「政《せい》**治**的な戦いがあったんですね。ミコはいまだに苦しんでいるんですか？」

「ミコをほうむる時、ミコの家に代々**伝**わる、大いなる力が宿《やど》る刀剣《とうけん》を側

治《おさ》める　氏《し》族《ぞく》　軍《ぐん》隊《たい》　こう議《ぎ》　戦《せん》争《そう》　司《し》令《れい》※　共《とも》に　求《もと》める　要《よう》求《きゅう》　徒《と》労《ろう》　暗《あん》殺《さつ》者《しゃ》

治　氏　軍隊　議　争　司令　共　求　要求　徒　殺

毒《どく》　兵《へい》隊《たい》　包《ほう》囲《い》　敗《やぶ》れる　戦《たたか》い　関《かん》係《けい》　害《がい》　末《すえ》　老《お》いる　果《は》たす　政《せい》治《じ》　伝《つた》わる

毒　兵　包　敗　戦　関　害　末　老　果　治　伝

※印刷の活字では「令」ですが、小学校で一般的に書くときは、左の文字としています。

に置いた。その刀剣にはめこまれた水晶《しょう》には悪いものをはねのける力があり、その強い力で、ミコの苦しみを取りのぞくことができるはずだった。ところが、どろぼうによって、刀剣がぬすまれてしまった。にくきどろぼうは、にげると中、せん道にしかけたわなにかかって死んだが、刀剣はふん**失**してしまった」

「ひどい！　でも、それならせん道にあるはずの刀剣をこの部屋にもどせば、ミコは苦しまずにすむのですね？」

「そうだ。そして、そなた達の願いもかなう。わたしは玄室の入り口**付**近《きん》を守る役目があり、定《さだ》められた**結**界を出ることができない。わたしの代わりにミコを救ってほしい」

葉月がおれの顔を見る。おれはしぶしぶ、うなずいた。

「やるって。見つけられるよう、**努**力するよ」

三

葉月は玄室の入り口から顔を出し、土しゃでうまっているほうを見た。

「ここから先が、せん道という、地上につながる道《みち》になるの。せん道にあるわなにかかったとするなら、刀剣は土しゃのどこかにあるはず」

ふん失《しつ》
付《ふ》近《きん》
結《けっ》界《かい》
努《ど》力《りょく》

失　付　結　努

発《はっ》展《てん》

★次の漢字を読んでみましょう。

①さんせいの人に挙手を求める。
②ねぞうの悪さに苦笑する。
③かけっこを競う。
④松竹梅の絵をかざる。
⑤手品の種明かしをする。

（答え）①きょしゅ ②くしょう ③きそ ④しょうちくばい ⑤たねあ

「こんなに大量の土しゃ、二人じゃ、どけられないよ」

おれが言うと、埴輪の戦士が口をはさんだ。

「土しゃをどける方**法**はある。地上にいる、埴輪達のふう印をとくことだ」

「おれ、ぞう木林でよく遊ぶけど、埴輪なんて、見たことないよ」

「すっかり、土にうもれてしまったのだろう。しかし、そなた達なら、埴輪達を目**覚**めさせ、動《うご》くよう命令を出すことができる。石に書かれた字を読めばよい」

埴輪の戦士の言葉に反応《のう》して、玄室の右手にあった石板がたおれる。おれ達は、石板の元へかけよった。葉月がきざまれた文字を読む。

「水晶玉。付天上世界中心神？」

「意味**不**明だな。でも、水晶玉が**必**要ってことだけはわかる。さがそうぜ」

おれは玄室の手前のほうをさがした。いろいろな道具や、**欠**けたつぼが置いてあるけど、水晶玉は見あたらない。

葉月は石屋形をさがし始めた。こっちを見て、手まねきをする。おれは思わず、後ずさりした。

「そこって、死体を置いてあったところじゃないの？」

「だいじょうぶ。今はないから。ネックレスとかイヤリングとか、ほう石がたくさんあるよ。これって女の人用よね。**夫**とつまがいっしょにほうむ

方法《ほうほう》 法
目覚《めざ》め 覚
不明《ふめい》 不
必要《ひつよう》 必
欠《か》ける 欠
夫《おっと》 夫

られたのかな？」

おれはゆっくり近づいた。石屋形とゆかのだん差に足をかけた時、海《かい》ぞく映《えい》画を思い出した。航海《かい》中、主人公が、ぼうれいに足をつかまれるシーンだ。ぞくっと鳥はだが立つ。足元のほう石をさぐっていたら、野球ボールのような、まるい石が出てきた。

「すべすべしてる。気持ちいいー」

拾い上げた石をさすっていると、葉月が目を見開いた。

「それが水晶玉だよ」

「えっ？」

たしかに、手でさすったところはよごれが取れて、とう明になっている。

「ちょっとかして」

葉月はおれの手から水晶玉を取り上げると、ハンカチでよごれを落とした。つやつやとすきとおった石は、まちがいなく水晶玉だ。

「問題は、『付、天上世界、中心、神』だね。なんのことだろう？」

「天上世界っていえば、空のことだろ？」

「そうだよねえ」と、葉月が石屋形から顔を出して、上を見る。

「あっ！」

さけび声におどろいて、おれはしりもちをついた。葉月がくすくす笑う。

だん差《さ》
差

航《こう》海《かい》
航

発《はっ》展《てん》

★次の漢字を読んでみましょう。
①周囲を見わたす。
②的外れな意見。
③家具を固定する。
④不正を告発する。
⑤父の店を相続する。

（答え）①しゅうい ②まとはずれ ③こてい ④こくはつ ⑤そうぞく

「びっくりさせて、ごめん。上を見て」

おれは葉月といっしょに、石屋形を出て上を見た。

玄室の天じょうに、金色の丸がちりばめられている。

葉月は水晶玉をおれに返すと、本を開いた。

「この金色の丸は星をあらわしているみたい！」

広げられたページには、同じようなもようのある写真と、丸を写し取った図、その丸を線でつなげた図がならべてあった。

「金色の丸をつなげていくと、星座《せいざ》になるんだ」

図によれば、たくさんの星の真ん中に、いくつかの丸をつなげた「天**極**星」があり、その右はしの丸が「北《ほっ》極」とある。

「昔、北極星は太一《たいち》といって、天の中心にいる神とされていたらしいよ」

「じゃあ、北極星が『天上世界の中心の神』ってことか？『付』は付けるだから、北極星に水晶玉を付ければいいのかな。**試**しにやってみるか」

おれは石屋形の上にのぼると、水晶玉を持った手を天じょうにのばした。

「これかな？」

天じょうの真ん中にある丸に水晶玉をあてたら、丸が**満**月のように光り出した。あわてて、水晶玉を引っこめる。

ズズズズ……。

天《てん》**極**《きょく》星《せい》
試《ため》す
満《まん》月《げつ》

極 試 満

発《はっ》展《てん》

★次の漢字を読んでみましょう。
①残暑がきびしい。
②救急車をよぶ。
③かべに印をつける。
④海底にしずんだたから。
⑤友達と折半する。

（答え）①ざんしょ ②きゅうきゅうしゃ ③しるし ④かいてい ⑤せっぱん

地震《しん》だ。おれは葉月のうでを取って、石屋形からはなれた。

四

地震はすぐに治まったが、ザザザザという音が続いている。

埴輪の戦士の**喜**ぶ声がひびいた。

「**成功**だ。埴輪達が目覚めた！」

おれは水晶玉を元の場所にもどすと、葉月といっしょにせん道に出た。土しゃの向こうで、音がしている。

埴輪の戦士は土しゃを見つめていた。

「外から、ほっているんだ。こっちからもほろうぜ」

おれ達は手で土しゃをほった。土しゃはかたくて、すぐに指先がいたくなる。葉月がため息をついた。

「これ**以**上は**無**理。何も道具がないっていうのは不**便**だね」

おれは近くにあった、欠けたつぼを拾い上げた。

「これが使えるよ」

葉月に欠けたつぼをわたし、おれは土器のはへんでほった。もくもくと、ほり続けていると、土しゃの向こうから聞こえる「ザザ、ザザ」という音

喜《よろこ》ぶ　成功《せいこう》　以上《いじょう》　無理《むり》　不便《ふべん》

喜	成	功	以	無	便

が大きくなってきた。

「よし、近いぞ」

力いっぱい土器のはへんをつきさしたら、ズザーッと、目の前の土しゃがくずれた。あなから、日ざしがこぼれてくる。

「外とつながったんだ」

あなから、青くさびた刀剣をおし出して、埴輪達が**順**番に入ってきた。刀剣の持ち手には、むらさき色の水晶がはめこまれている。

「これがさがしていた刀剣ですね。どこに置けばいいんですか？」

葉月が聞くと、埴輪の戦士が答えた。

「ミコのたましいの側へ」

「石屋形か」

おれは葉月といっしょに刀剣を持ち上げた。ずしりと重《おも》い。二人でかかえて運び、水晶玉のとなりに置いた。後ずさると、石屋形の中がぱあっと、オレンジ色の光《ひかり》に**包**まれた。かべにえがかれた船がするすると動き出し、上へ上へと進んでいく。やがて天じょうに**達**すると、すうっと消《き》えた。

いつの間にか、埴輪の戦士が、後ろに立っていた。

「ミコが黄泉《よみ》の国へ旅《たび》立たれた。そなた達のおかげだ」

「黄泉の国？」と、首をかしげるおれのとなりで、葉月がなみだをぬぐう。

順番《じゅんばん》　順

包む《つつ》　包

達《たっ》する　達

発《はっ》**展**《てん》

★次の漢字を読んでみましょう。

①車で海水浴に行く。
②部屋の面積を求める。
③人の道を説く。
④昨年、弟が生まれた。
⑤長男《なん》の自覚を持つ。

（答え）①かいすいよく ②めんせき ③と ④さくねん ⑤じかく

「あの世のこと。天国へ行ったのよ」

おどろおどろしいと思っていたぼうれいが、**清**らかなイメージに変わる。

この世から、やっと**卒**業できたのか。よかったな。

埴輪の戦士が、葉月にやさしく言う。

「**祝**うことだ。泣くでない。さあ、そなた達も帰られよ」

おれ達は埴輪の戦士に**別**れを告げると、坂になっているあなを、はい上がった。後ろで、埴輪の戦士がぶつぶつと、じゅ文《もん》を**唱**えている。おれ達が地上に出たとたん、ザァッと音がして、あながふさがった。

埴輪の戦士の声が、かすかにひびく。

「愛する子孫よ。この国の**未**来を、そなた達にたくしたぞ」

あちこちから小さな**芽**が出て、ザワザワとつるをのばしていく。あっという間に、緑で地面がおおわれた。

葉月がおれを見た。

「このこと、記**録**する？」

「大切《せつ》にしたいことは、心の中にしまっておくべしってね。うちの家**訓**だよ」

「そうだね。そっとしておいてあげよう。今日の体**験**は大事にしたいね」

「うん。これにて、ミッション**完**了《りょう》！」

清《きよ》らか　**卒**業《そつぎょう》　**祝**《いわ》う　**別**《わか》れ　**唱**《とな》える　**未**来《みらい》　**芽**《め》　記**録**《きろく》　家**訓**《かくん》　体**験**《たいけん》　**完**了《かんりょう》

清　卒　祝　別　唱　未　芽　録　訓　験　完

おれは**堂**々と言いはなった。ぞう木林がいつもとちがう**景**色《しき》に見える。緑のにおいも強く感じる。**季節**は夏へと向かっているんだ。

「おれ、夏休みの自由研究は、古ふんをテーマにしようかな」

葉月がにっこりほほえんだ。

「あたしも。**例**えば、埴輪とかね」

遠くで、おれの名前をよぶ声がする。リョウ達がさがしているようだ。

おれはにっと笑うと、「またあしたな」と手をふって、かけ出した。

堂《どう》々《どう》　景《け》色《しき》　季《き》節《せつ》　例《たと》えば

堂　景　季節　例

攻略！

『暗号をとけ！』（三年生）に出てきた漢字テスト

□にあてはまる漢字を書きましょう。

★□□《あんごう》をとく。

★□□《よてい》を□《しら》べる。

★□□《きたい》をする。

★チームの□《まも》り□《がみ》。

★□□《れんしゅう》をする。

★お□《さら》をふく。

★□□《すいえい》を□《はじ》める。

★あした□《も》っていく。

★□□《もんだい》をとく。

★□《つか》わないもの。

★□□《にかい》の□□《へや》に行く。

★犬を□《お》いかける。

★ぼくの□□《かぞく》です。

★わすれ□《さ》る。

★□《もの》を□□《せいり》する。

★□《すみ》をもやす。

★□□《しょうわ》生まれ。

★□《はこ》をあける。

★□□《ゆうめい》なお店。

★学校の□□《こうしょう》。

★□□《たにん》に聞く。

★□□《ぎんいろ》のふくろ。

★中から□《と》り出す。

★□□《しんぴん》を買う。

★□《ばい》にふえる。

★□《えき》前に行く。

★心に□《き》める。

★ねこが□《し》ぬ。

★□□《しゃしん》をとる。

★おかげで□《たす》かる。

★□《つぎ》の日に□《お》わる。

★□《ふく》を□《き》がえる。

★□《きし》に上がる。

★失《しっ》□《れい》する。

★□《かる》い石。

★□□□《ねんだいもの》のバッグ。

★たからを□□《はっけん》する。

★□□《こうてい》に出る。

★□□《ばしょ》をさがす。

★□□《さかや》の□《よこ》にある。

★右に□《ま》がる。

★□□□《じてんしゃ》に□《の》る。

★□□□□《がっきゅういいん》になる。

★保《ほ》□《いく》園に入る。

★□《いそ》いで□□《そうだん》に行く。

★□□□□《ちくかいかん》のうら。

★家に□《つ》く。

★□《ちゅう》射《しゃ》をする。

★□《さむ》い日となる。

★□《のぼ》った木から□《お》ちる。

★ひざから□《ち》が出る。

★□《み》をひるがえす。

★ページを□《ひら》く。

★ため□《いき》をつく。

★□□《かんじ》が□□《にがて》。

★□□《べんきょう》をする。

★□《みじか》い文を読む。

★□□《なんど》も言う。

★□□《はんたい》する。

★得《とく》□《い》な科目。

★□《はな》をふくらます。

★□□《ぎょうれつ》を作る。

★□□《しごと》に行く。

★興《きょう》□《み》がない。

★□《ゆび》を鳴らす。

★家に□□《しゅうごう》する。

★にぎわう□□《しょうてん》。

★とつぜん、□《お》き上がる。

★ゲームに□《か》つ。

★□□□□《わかやまけん》のみかん。

★ライバルに□《ま》ける。

★賞《しょう》を□《じゅ》賞する。

★薬《くすり》をまぜる□□□《かがくしゃ》。

★□《し》を書く。

★□《もう》し上げる。

★字を□《かさ》ねる。

★きくち□《くん》と会う。

★□□《しゅくだい》をする。

★字を書き□《うつ》す。

★□□《らくが》き□《ちょう》に書く。

★えん□《ぴつ》で書く。

★□□《せかい》の国々。

★おやつの南京《なんきん》□《まめ》。

★□《こおり》を入れる。

★麦茶を□《の》む。

★□□《りょこう》に行く。

★□《いのち》をかける。

★道を□《すす》む。

★きれいな河口《かわぐち》□《こ》。

★□□《きょねん》、□□《きゅうしゅう》へ行った。

★□《び》容《よう》□《いん》でかみを切る。

★イタリア□《しき》。

★□《け》しゴムを買う。

★電話を□《ま》つ。

★□□《じしゅ》てきに行う。

★□□《けんきゅう》をする。

★□《あぶら》であげる。

★□□《ぜんいん》で考える。

★□□《びょういん》へ□《む》かう。

★□□《にもつ》をわすれる。

★□□《きおん》が高くて□《あつ》い。

★□□《どうぶつ》をかわいがる。

★□《は》□《い》□《しゃ》に行く。
★□《やっ》□《きょく》で□《くすり》を買う。
★□《りょう》□《ほう》の手。
★友だちと□《あそ》ぶ。
★□《さか》を上がる。
★あめを□《くば》る。
★□《ふえ》をふく。
★お□《きゃく》さんが来る。
★□《おお》□《しま》へ行く。
★東京□《と》は広い。
★□《なみ》が高い。
★□《いた》にのせる。
★□《ふか》い海。

★□《そう》像《ぞう》する。
★□《みなと》に入る。
★□《へい》□《き》な顔をする。
★とちゅうで引き□《かえ》す。
★お□《みや》まいり。
★お□《まつ》りに行く。
★イチョウの□《み》を□《ひろ》う。
★木の□《ね》もとにすわる。
★□《き》□《みどり》色の□《は》っぱ。
★□《しょう》□《めん》に立つ。
★□《はたけ》がある。
★車を□《しゃ》□《こ》に入れる。
★楽しい□《かん》じがする。

★□《じゅう》宅《たく》がならぶ。
★□《でん》□《ちゅう》にぶつかる。
★長く□《す》んでいる。
★□《のう》□《ぎょう》をやる。
★広い□《どう》□《ろ》。
★高い□《ところ》。
★□《はし》をわたる。
★リーダー□《やく》になる。
★歩くのが□《はや》い。
★八□《びょう》で走る。
★□《うん》□《どう》会で□《いっ》□《とう》になる。
★トラの□《かわ》をかぶる。
★たくさんの□《ひつじ》。

★□《ゆう》□《ほ》□《どう》を歩く。
★川が□《なが》れる。
★四□《ちょう》□《め》に行く。
★児《じ》□《どう》公園に入る。
★おじぞう□《さま》がある。
★□《むかし》、会った人。
★□《かな》しいじけん。
★□《あん》□《ぜん》が□《だい》一。
★□《ちゅう》□《おう》によせる。
★□《わる》いことをする。
★□《ゆ》□《ぶね》につかる。
★□《たい》□《へい》□《よう》に□《そそ》ぐ。
★□《や》□《きゅう》□《ぶ》に入る。

★□《う》ったり□《な》げたりする。
★□《どう》□《ぐ》□《がかり》になる。
★□《ほう》課《か》後になった。
★□《あい》□《て》の□《ひょう》情《じょう》。
★花屋さんで□《うえ》□《き》を買う。
★□《てっ》□《ぱん》を出す。
★□《り》□《ゆう》がわからない。
★□《たい》□《よう》がのぼる。
★□《きみ》とのやくそく。
★□《こう》□《ふく》になる。
★お□《さけ》をプレゼントする。
★手紙を□《おく》る。

『古代の戦士とひみつのはか』（四年生）に出てきた漢字テスト

□にあてはまる漢字を書きましょう。

★強い□《せん》□《し》たち。
★手を□《あ》げる。
★□《そば》に立つ。
★□《りく》に上がる。
★□《わら》って答える。
★□《きょう》□《そう》をする。
★住宅《たく》□《がい》に出る。
★□《まつ》や□《うめ》がはえている。
★二□《しゅ》□《るい》の木。
★横に□《お》く。
★□《かく》□《じ》でかたづける。
★□《べつ》々《べっ》に動く。

★□《ちょう》□《けい》をはかる。
★□《やく》五十円。
★はん□《い》を決める。
★□《まわ》りを見わたす。
★□《ほう》□《か》□《ご》に集まる。
★□《じ》□《どう》クラブに行く。
★定期□《てき》にそうじする。
★土をふみ□《かた》める。
★わたし□《たち》の考え。
★体を□《ひく》くする。
★□《つら》なる木々。
★元の□《い》□《ち》にもどる。

★ひこうきを□《と》ばす。
★□《さい》□《しょ》からやる。
★あとに□《つづ》く。
★□《いん》□《しょう》に□《のこ》る。
★□《なか》□《ま》を□《すく》う。
★□《ひょう》識《しき》を見る。
★□《せき》に着く。
★□《にゅう》□《しょう》する。
★本が□《す》き。
★駅の反対□《がわ》。
★□《たて》□《もの》に入る。
★虫を□《かん》□《さつ》する。
★あなの□《そこ》に落ちる。

★木のえだが□《お》れる。

★□《ふし》々《ぶし》がいたむ。

★水を□《あ》びる。

★こきゅう□《き》□《かん》。

★□《い》□《ふく》を着る。

★□《こな》をつける。

★くもの□《す》が□《つ》く。

★□《あた》りを見回す。

★□《せき》□《ざい》を□《つ》み上げる。

★国語□《じ》□《てん》を開く。

★本を□《か》りる。

★□《いん》□《さつ》をする。

★十六□《せい》□《き》□《はじ》め。

★□《でん》□《せつ》の人物。

★□《き》□《かい》のない時代。

★□□《はかせ》に聞く。

★道を□《あん》□《ない》する。

★□□《きのう》食べた。

★□《まち》角に立つ。

★□《れき》□《し》を□《おぼ》える。

★□《きょう》□《りょく》する。

★□《あさ》いあな。

★箇《かん》□《たん》な問題。

★□《てん》□《こう》が□《か》わる。

★□《わ》を作る。

★魚を□《や》く。

★□《げい》術《じゅつ》作品。

★□《へん》な顔をする。

★□《かん》□《がっ》□《き》をふく。

★明かりが□《てん》□《とう》する。

★声をおし□《ころ》す。

★□《し》□《そん》に残す。

★人々《びと》に□《つ》げる。

★□《しん》□《か》に守られる王。

★□《ねが》いを聞く。

★□《と》□《どう》□《ふ》□《けん》。

★□《てん》□《ねん》パーマの人。

★県と□《ぐん》。

★日本の□《たみ》。

★□《みゃく》々《みゃく》と受けつぐ。

★□《ふだ》を取る。

★□《じゅう》□《みん》□《ひょう》をもらいに行く。

★□《き》□《ぼう》がかなう。

★□《かなら》ず決める。

★言葉を□《しん》じる。

★□《とく》□《べつ》に□《えら》ぶ。

★遠くに退《たい》□《さん》する。

★強く□《ねん》じる。

★入り口で□《てい》□《し》する。

★□《はた》がなびく。

★あたりを□《て》らす。

★体は□《けん》□《こう》だ。

★大声で□《な》く。
★□《おび》を□《むす》ぶ。
★糸を□《たば》ねる。
★□□《ぎょせん》に乗る。
★□□《ほうぼく》された馬。
★□□《きゅうじ》用のお皿。
★ご□《はん》を食べる。
★□□《やさい》をとる。
★□□《しょくりょう》を買う。
★□□《いちょう》がいたい。
★水を□《くわ》える。
★□□《れいせい》に考える。
★□□《きょうよう》がある。

★□《ゆう》かんな男。
★□□《はんせい》する。
★暑くて□《まい》る。
★□《ふく》会長が決まる。
★□□《はこがた》の入れ物。
★□□《あいよう》の□《かがみ》。
★意見に納《なっ》□《とく》する。
★年月を□《つい》やす。
★□《えい》ゆうがあらわれる。
★□《しお》を入れる。
★□《か》へいを集める。
★水を□《ねっ》する。
★□□《ろうどう》をする。

★□□《かいりょう》をくり返す。
★□□□《さんしゅつりょう》がふえる。
★□《り》益《えき》を□《え》る。
★国が□《さか》える。
★□《おく》や□《ちょう》のお金。
★□《くら》に□《ちょ》蔵《ぞう》する。
★国を□《おさ》める。
★昔の□□《しぞく》。
★□□《ぐんたい》を引きつれる。
★相手にこう□《ぎ》する。
★□□《せんそう》が始まる。
★チームの□□《しれい》とう。
★多くの人と□《とも》に□《もと》める。

★□□《ようきゅう》をする。
★すべて□□《とろう》に終わる。
★□《どく》で□□《あんさつ》される。
★□□《へいたい》に□□《ほうい》される。
★敵《てき》に□《やぶ》れる。
★□《たたか》いが始まる。
★□□《かんけい》する話。
★□《がい》に苦しむ。
★苦しんだ□《すえ》に決める。
★年□《お》いた人たち。
★役目を□《は》たす。
★政《せい》□《じ》を勉強する。
★家に□《つた》わるたから。

★物をふん□《しつ》する。

★入り口□《ふ》□《きん》で会う。

★□《けっ》界《かい》を出る。

★□《ど》□《りょく》をする。

★□《ほう》□《ほう》を考える。

★朝、□《め》□《ざ》める。

★意味が□《ふ》□《めい》だ。

★□《ひつ》□《よう》な物。

★はしが□《か》けたお皿。

★□《おっと》と出かける。

★だん□《さ》がある。

★海に□《こう》□《かい》に出る。

★□《てん》□《きょく》□《せい》を見る。

★実力を□《ため》す。

★今日は□《まん》□《げつ》。

★□《よろこ》ぶ声。

★□《せい》□《こう》する。

★五さい□《い》□《じょう》の子。

★□《む》□《り》をする。

★道具がなくて□《ふ》□《べん》だ。

★□《じゅん》□《ばん》にならぶ。

★光に□《つつ》まれる。

★天に□《たっ》する。

★□《きよ》らかな場所。

★□《そつ》□《ぎょう》を□《いわ》う。

★友達と□《わか》れる。

★じゅ文を□《とな》える。

★□《み》□《らい》をたくす。

★木の□《め》が出る。

★□《き》□《ろく》する。

★うちの□《か》□《くん》にする。

★□《たい》□《けん》学習に行く。

★仕事が□《かん》了《りょう》する。

★□《どう》々《どう》と言う。

★□《け》□《しき》を見る。

★□《き》□《せつ》を感じる。

★□《たと》えば、犬。

漢字《かんじ》攻略《こうりゃく》
上級《じょうきゅう》編《へん》

攻略！五年生の学習漢字

大臣になったきよし

文・光丘真理

一　**招**きのとびら

春休み。きよしは、いなかに住むじいちゃんのところに遊びにきていた。

「きよし、山《さん》菜を**採**りにいくから、手伝ってくれないか」

今《け》朝《さ》、じいちゃんにたのまれて、きよしはしぶしぶ、じいちゃんとうら山に登った。

「これは、わらびだぞ。ほれ、あそこにタラの芽も出ている。自然《ぜん》は、ありがたいなあ。今夜は、天ぷらにしよう」

じいちゃんはたから物のように山菜を採っていくが、きよしはちっとも**興**味がわかない。

「山菜の天ぷらより、ハンバーグがいいよ。ああ、つまんない」

小石を一**個**拾いながら、にくまれ口をたたいて目を上げたら、もう少し登ったところに、大きな**桜**の木があり、そのおくに建物が見えた。

招《まね》く　採《と》る　興《きょう》味《み》　一《いっ》個《こ》　桜《さくら》

招　採　興　個　桜

読んで書いて漢字マスター

「じいちゃん、あれなに？」

「ああ、新しくできたこん虫《ちゅう》館だ」

「へえ、おもしろそう。山菜採りやーめた。あそこに入って待ってるよ」

じいちゃんがさみしそうな顔をしたのに、おかまいなしだ。きよしは、さっさとこん虫館のほうにかけ上がった。

「じゃあ、一時間したら、むかえにいくからな」

じいちゃんの声にも**応**じず、きよしはバイバイと手をふった。


こん虫館の中には、たくさんのこん虫の写真やもけいがならんでいて、**種類**によって展《てん》**示**コーナーが分かれていた。

きよしが**夢**中になってながめていくと、アーチ型のドアにぶつかった。

『アリ王国　招きのとびら』と、書いてある。

「きっと、ここからは、アリの展示コーナーなんだな。おもしろそうだ」

きよしは、興味しんしんで中に入ってみた。細いトンネルのようで、うす暗い。くねくねと**迷**路のようだ。

（これは、巣あなをまねしているのかもしれない）

あちこち曲がりながら進んでいくと、息苦しくなる。気**圧**が下がっているのだろうか？　**酸**欠《けつ》になりそうだ。

応《おう》じる　展《てん》示《じ》　夢《む》中《ちゅう》　迷《めい》路《ろ》　気《き》圧《あつ》　酸《さん》欠《けつ》

応　示　夢　迷　圧　酸

引き返すにも、あちこち曲がって出口がわからなくなってしまった。

額にあせがにじむ。不安にむねが**張**りさけそうだ。どうしよう……。

やみくもに出口をさがしていくと、しだいに目が**慣**れてきた。

ごつごつとした**鉱**物のようなかべに囲《かこ》まれたトンネルの中は、進むうちに道はばが少しずつ広くなり、天じょうも高くなっていく。もう**複雑**な迷路のような道はなくなり、一本道の先にぼーっと光が見える。

出口？　耳をすますと、水音が聞こえる。

足もとからだ！

今まで気がつかなかったが、道のわきにみぞがほられていて、小川になって光に向かって流れているのだ。**際限**なく続く流れにそって、進む。

とつ然、明るく広い場所に出た。

小川は、かなり大きな**河**になって流れている。その河を、船が**往復**している。

通**過**する船は、**均**等に順**序**よくならんでいる。どの船体にも、【**輸**送用】と記されていて、それぞれ『米**俵**』『紡《ぼう》**績**糸《し》』『**防災**用具』『**燃**料』『**肥**料』などと書かれていた。どうやら、**貿易**のための運**河**らしい。

運河の堤《てい》防ぞいには、『**造**船所』のかん板の建物の先から、倉《そう》庫がずらりと建ちならんでいた。

額《ひたい》　張《は》る　慣《な》れる　鉱《こう》物《ぶつ》　複《ふく》雑《ざつ》　際《さい》限《げん》　河《かわ》　往《おう》復《ふく》　通《つう》過《か》　均《きん》等《とう》

額　張　慣　鉱　複雑　際限　河　往復　過　均

順《じゅん》序《じょ》　輸《ゆ》送《そう》　米《こめ》俵《だわら》　紡《ぼう》績《せき》　防《ぼう》災《さい》　燃《ねん》料《りょう》　肥《ひ》料《りょう》　貿《ぼう》易《えき》　運《うん》河《が》　造《ぞう》船《せん》所《じょ》

序　輸　俵　績　防災　燃　肥　貿易　河　造

「いーち、にい、さん、しー……」

倉庫の数を数えながら、河の流れに**導**かれるように歩いていくと、最後の十五とう目の倉庫がかべの一部を残してくずれ落ち、土しゃにうまっている部分もあった。しかも、その河岸に横づけされた船は、はげしくこわされていた。

「地震《しん》でもあったんだろうか？」

他《ほか》の倉庫と**比**べてみるが、なぜかここだけがほうかいしている。

「**適**正な耐《たい》震**構**造の建《けん》**設**物ではなかったってことだな」

きよしは、防災訓練の時、消《しょう》防士の人が説明してくれたことを思い出してつぶやいた。

ちゃんと地震に**備**えた構造になっていないと、くずれやすいと聞いたのだ。こわれた倉庫は、**修**復作業もされていないようだ。

二　アリ**婦**人

こわれた倉庫を**境**にして、その先には**耕**されている畑が広がっていた。

ぽつりぽつりと、住**居**も見える。

橋がかかっていたので、きよしはわたっていった。橋のえん長に道は続

導《みちび》く　比《くら》べる　適《てき》正《せい》　構《こう》造《ぞう》　建《けん》設《せつ》物《ぶつ》　備《そな》える　修《しゅう》復《ふく》　婦《ふ》人《じん》　境《さかい》　耕《たがや》す　住《じゅう》居《きょ》

導　比　適　構　設　備　修　婦　境　耕　居

いていた。ちょうど、畑のまん中の一本道だ。

きよしは、道の入り口で、茶色の丸いものがいくつか落ちていることに気がついた。

「あ、これ古《こ》**銭**じゃないか」

きよしはポケットから古銭を一まい取り出して見た。じいちゃんにたん生《じょう》日にもらったものと同じだった。

古銭は、畑の中の一本道に点々と転《ころ》がっていた。足を広げて**測**ってみると、五十センチ**程**度だろうか。ちょうど、きよしの歩はばの間かくに落ちている。

「いーち、にい、さーん、しー……」

数えながら十五歩行ったところで、**墓**標のようなものにぶつかった。**幹**を切って作ったばかりのような真新しい板がつきさしてある。板には、何か文字が書かれているが、雨がふったのか、文字が**液状**に流れてしまって、よく認《にん》**識**できない。

『**故**・き……子にささぐ』

(『故』って、**確**かもう死んじゃった人に使う言葉だよな。「き」のつく名前の人のお**墓**なのかな)

きよしがさらに進むと、畑の道の先に、ぽつんと小屋が建っていた。

古銭《こせん》　測《はか》る　程度《ていど》　墓標《ぼひょう》　幹《みき》　液状《えきじょう》　認識《にんしき》　故《こ》　確《たし》か　墓《はか》

銭　測　程　墓　幹　液　状　識　故　確　墓

まどから、温《あたた》かいオレンジ色の明《あ》かりが見える。春風がふいてきた。土のにおいが**快**く感じられる。きよしは、なぜかとてもなつかしい気持ちになった。

小屋に近づいてみる。

「モォ―――」

鳴き声がした。牛《ぎゅう》**舎**らしい。

のぞいてみると、女の人がたった**独**り、ぼろぼろに**破**れた木**綿**《も》の**布**きれをまとって、後ろ向きで、牛にほし草をあげていた。この人が牛たちを**飼**育しているのだろう。

「あのー」

きよしの声に、その人はふり返った。

ぎょっとした。顔は、アリだった。**似**ているとか**仮**面をかぶっているとかではない、本当に黒く丸いアリの顔をした婦人だった。

アリがなんで？　服を着ている？

きよしは**混**乱《らん》した。

「まあ、それ……」

婦人は、きよしの手元にある古銭を指《さ》し**示**して、**絶句**した。飛び出した複**眼**がさらに見開かれて、不気味だった。

快《こころよ》い　牛舎《ぎゅうしゃ》　独《ひと》り　破《やぶ》れる　木綿《もめん》　布《ぬの》　飼育《しいく》　似《に》る　仮面《かめん》　混乱《こんらん》　示《しめ》す　絶句《ぜっく》

快　舎　独　破　綿　布　飼　似　仮　混　示　絶句

複眼《ふくがん》

眼

婦人は、きよしが落ちていた古銭をぬすんだとかんちがいしたのだろうか。それで、きよしを**非**難《なん》しようとしているのかもしれない。

「こ、これは、ぼくのです。けっしてぬすんだりしてません！」

きよしは、必死で**弁解**した。婦人はとたんに額に八の字にしわを**寄**せた。ひどく悲しそうな顔に見える。

「あなたはかれらに殺されてしまうわ。存《そん》**在**自体が、消されてしまうかもしれない」

「かれらって？」

「あなたに**報**復しようとする人たち」

「あの、報復って？　ぼく、何もしていないのに」

「**証**人がたくさんいるのよ。きっと**群**れをなして報復してくるわ」

きよしの頭は、さらに大混乱しはじめた。

一体、このアリ婦人は、なんのことを言っているんだろう？

「悪いことと言わないから、ここにとどまっていなさい。この先には、危《き》**険**が待ち受けているわ。わたしがかくまってあげましょう」

その時、きよしは**素**直に婦人の**提**案に応じればよかった。これから起きようとするとんでもない事**件**からにげられるチャンスだったのだ。

しかし、あまのじゃくの**資質**が頭をもたげてきた。

非《ひ》難《なん》　**弁**《べん》**解**《かい》　**寄**《よ》せる　存《そん》**在**《ざい》　**報**《ほう》復《ふく》　**証**《しょう》人《にん》　**群**《む》れ　危《き》**険**《けん》　**素**《す》直《なお》　**提**《てい》案《あん》　事《じ》**件**《けん》

非　解　弁　寄　在　報　証　群　険　素　提　件

資《し》**質**《しつ》

資　質

（こんな、アリのオバケみたいな人の言うことなんて聞くもんか！）

「ぼくは、**潔**いって書いて、きよしっていうんだ。潔いってことは、すっぱりと進むってことだとじいちゃんが言ってた」

こわくて顔は引きつっていたくせに、よくも**舌**が回ったものだ。

「きよし……。あなたは、きよしっていうのね。この名前を**再**び聞けるなんて」

婦人のひとみからなみだがあふれだしたかと思ったら、きよしは、とつ然、だきすくめられた。

（な、なに？）

はなればなれの親子が**再**会して、母親が、子どもを泣きながらだきしめているテレビドラマのシーンを思いだした。

（でも、これは、**演技**じゃない）

きよしは、自分のむねにぽたぽたと落ちる婦人のなみだを見て思った。

でも、まったく身に覚えのないことだし、これ以上、**接**していたくない。

「ぼ、ぼくは、あなたと会うのは初めてです。やめてください」

きよしは、婦人をふりはらった。

アリに知り合いなんかいるはずがない。

（早く、ここから**移**動しなくちゃ）

潔《いさぎよ》い　舌《した》　再《ふたた》び　再《さい》会《かい》　演《えん》技《ぎ》　接《せっ》する　移《い》動《どう》

潔　舌　再　再　技　演　接　移

きよしが、再び歩き出すと、婦人がさけぶように言った。

「きよし、意**志**を強く持って、**精**一杯《ばい》、弁解するのよ！　わたしは、必ず助けにいきますよ！」

弁解だなんて、一体、これから何が待っているというのだろう？

こわくなったが、もどることもできなかった。この状**態**からのがれるために少しでも早く、だっ出するしかない。きよしは、ひたすら出口をさがして、進んだ。

三　**裁**《さい》**判**

しばらく行くと、大きなドーム型の建**築**物が見えてきた。太い**支**柱の門**構**えの入り口に、**衛**兵らしき男二人が立っている。**武**装《そう》しているすがたは、そうとう体**格**がよさそうだ。

しかし、鉄のかぶとからのぞく**容**ぼうを見て、きよしはぎょっとした。

やはり、アリの顔だ！　ここは一体なんなんだ！

きよしが門の中ににげこもうとすると、

「勝手に入ることは**禁**じられている。**許可**証を持っているのか！」

「そんなもの持っていないよ」

意《い》志《し》　精《せい》一《いっ》杯《ぱい》　状《じょう》態《たい》　裁《さい》判《ばん》　建《けん》築《ちく》物《ぶつ》　支《し》柱《ちゅう》　門《もん》構《がま》え　衛《えい》兵《へい》　武《ぶ》装《そう》　体《たい》格《かく》　容《よう》ぼう　禁《きん》じる

志　精　態　判　築　支　構　衛　武　格　容　禁

許《きょ》可《か》証《しょう》

許　可

「あやしいやつだな。**検査**する」

衛兵が、**乱暴**にきよしの体をつかんだ。とたんにポケットに入れた古銭が、ふり落とされた。

チャリン。

「こ、これは……」「**敵**だ！」

きよしは、ピストルを向けられた。

「た、助けて……」

夢ならさめてほしい。

ピストルでせなかをおされながら、門の中に入れられた。

そこは、大きな**講**堂のようなところだった。

おくのドアが開いて、マントをまとった巨《きょ》大なアリの顔の老人が**現**れた。

「今から、おまえの裁判をする」

ぼうぜんとしているきよしに、老人は言った。その老人は、高いだんの上に上がり、金のそうしょく品がついたごうかないすにすわった。

「わしはこの国の裁判官である。さあ、アリ王国のしょ君、来たれ！」

裁判官がいげんのある声をはり上げると、おくからぞろぞろと、アリの顔をした人たちの集**団**が現れて、きよしを取り囲んだ。

「おまえの**犯罪**をみとめろ！」

検査《けんさ》　乱暴《らんぼう》　敵《てき》　夢《ゆめ》　講堂《こうどう》　現《あらわ》れる　集団《しゅうだん》　犯罪《はんざい》

検査　暴　敵　夢　講　現　団　犯罪

「素直に謝れ！」

すごい勢いで口々にさけんで、きよしを責め立てる。

きよしは、想像をこえたこの状況《きょう》を飲みこめないでいた。

一体どういうことなのだろう？『アリ王国』に入りこんでしまったというのか。このアリ人たちに、常識が通じるのか？

アリにうらまれる覚えはないと言おうとした時、きよしの記おくが、はっとよみがえった。

二日前、きよしは、うら山でアリの巣を見つけた。それをおもしろがって、古銭で土をけずり、さらに小枝であなをほじくった。

「あ、あの時のこと？」

「ようやく気がついたようじゃな。それが原《げん》因で、大きなゆれにおそわれ、アリたちやその妻子が大けがをし救《きゅう》護され、手術をほどこされた者もいる。そして、巣あなの真下にあった倉庫がくずれ落ち、大切なものを失った」

「おまえがしでかした過ちは、確かだな」

裁判官は、複眼をかっと見開いた。

「アリ王国の規定によれば、おまえは、二つの重罪を犯した。これがその罪状じゃ」

裁判官は、金属製のプレートをかかげた。文字がほられた銅板だった。

謝《あやま》る　勢《いきお》い　責《せ》める　想《そう》像《ぞう》　常《じょう》識《しき》　小《こ》枝《えだ》　原《げん》因《いん》　妻《さい》子《し》　救《きゅう》護《ご》　手《しゅ》術《じゅつ》　過《あやま》ち　規《き》定《てい》　犯《おか》す

謝　勢　責　像　常　枝　因　妻　護　術　過　規　犯

金《きん》属《ぞく》製《せい》　銅《どう》板《ばん》

製　属　銅

大声で読み上げられた。

『一件目は、アリの巣あなをこわし、アリ王国と国民に多大なるひ害をもたらした**罪**。二件目は、**祖**先をうやまわなかった罪』

「異《い》議があったら、**述**べよ」

「祖先？　なんのことですか。身に覚えのないことです」

きよしは、**断**固《こ》としてひ定した。

「**厚**かましいやつじゃ」

すると、裁判官は、衛兵の持ってきた皿の上の古銭を手に取った。

「おまえは、祖父《ふ》からいただきし祖先の**財**宝《ほう》を、大切にしないどころか、このようにどろまみれにして、最後はうら山にすてたではないか」

そういえばそうだ。じいちゃんが、「おまえのたん生日に、わしの大切なたから物をあげよう」と古銭を十六まいくれたのに、ぞんざいにポケットに入れて持ち歩いていた。古ぼけた昔のお金なんて、なんの**価**値《ち》もないと思ったからだ。

そのうちに投げて遊んだりして一まい**減**り、二まい減り……、あげくの果てに、アリの巣をいたずらするためにも使った。それも土がついてきたなくなったので、乱暴にほうり投げてしまった。だから、ポケットには最後の一まいだけになってしまっていたのだ。

罪《つみ》　祖《そ》先《せん》　述《の》べる　断《だん》固《こ》　厚《あつ》かましい　財《ざい》宝《ほう》　価《か》値《ち》　減《へ》る

罪　祖　述　断　厚　財　価　減

「ひどい、絶対に**許**さない！」

「死けいだ！」「死けいだ！」

アリたちはこぶしをふり上げ、はげしい形《ぎょう》相で声の**限**りにさけび出した。張り上げた声は**増**していくばかりで、最悪の状態だ。

「静まれ――」

裁判官が、木づちを打って、**制**した。

「これより、証人かん問を行う。第一の証人、前へ」

裁判官の声に、進み出てきたのは、少年のアリだった。

「ぼくは、第十五倉庫の管理長です」

きよしと同じ十一さいくらいにしか見えないのに、せすじをすっとのばした表**情**は、アリ顔ではあるがとても大人《おとな》びていた。

「この罪人のせいで、第十五倉庫は、大きな**損**失をこうむりました。特にいたましかったのは、王子さまのひつぎがこわされ、王子さまが研究し、開発なさったお薬が失《うしな》われたことでございます」

少年の言葉に、周りのアリたちが、またさわぎ出した。

「なんとむごいことか！」

「極《ごく》悪人！」「死けいだ！」「死けいだ！」

ぎょろぎょろした目玉ときばのようなするどい歯をむき出して、きよし

許《ゆる》す　限《かぎ》る　増《ま》す　制《せい》する　表情《ひょうじょう》　損《そん》失《しつ》

許　限　増　制　情　損

をばとうする。

きよしは、地震でこわれたのかと思った倉庫を思い出した。

今の話を**総**合すると、自分がいたずらをした巣あなの真下には、十五番目の倉庫があり、そこには病気でなくなったこの国の王子の遺《い》体が入ったひつぎが安置されていたというのだ。

「王子さまは、国じゅうにまんえんしていた病気を治《なお》すために研究を重ね、ついに薬を開発したのです。ただ、ご自分の病気がすでに悪化して治すことはできませんでした。しかし、王子が残してくれた薬のおかげで、多くの国民の病気が治りました。実に**仏**のようなお方《かた》でした。

その薬をすべて**破**かいしてしまったこの者は、ばっせられて**余**りあります。裁判官、国の規**則**にしたがい、どうぞ適切なご判断を」

少年は、はっきりとした口調で、まっすぐ裁判長を見た。

裁判長は、大きくうなずいた。

(大変なことをしてしまった。ちょっとしたいたずらのつもりが、こんな大きなことになるなんて。あの倉庫をめちゃくちゃにしたのは、このぼくなんだ！　だけど、だけど、死けいだなんて……)

きよしは、ただただこわくて、ふるえながらうつむき固まってしまった。

その後、次つぎと証人が前に進み出てきた。倉庫のまわりを歩いていて、

総合《そうごう》　仏《ほとけ》　破《は》かい　余《あま》る　規則《きそく》

総　仏　破　余　則

発《はっ》展《てん》

★次の漢字を読んでみましょう。

①家へ招待する。
②こん虫採集に出かける。
③総額三万円かかる。
④表面張力が働く。
⑤慣用句を覚える。

(答え) ①しょうたい ②さいしゅう ③そうがく ④ひょうめんちょうりょく ⑤かんようく

けがをして松葉《まつば》づえをついている者もいた。また、王子の薬がないと病気が治らないとなげく者が何人も前に出てきた。だれもが、きよしがいかに罪深いかをうったえていた。

そのたびに、周りからは、「死けいだ」「死けいだ」と、さけび声が上がった。

あと一人の証人が終われば、判決が言いわたされる。

（ど、どうしよう、ぼく、死けいになるんだ。もう**永久**に家には帰れない）

身の安全の**保証**は何もない。第一、ここには、弁護士どころか、きよしの味方は一人もいないんだ。

きよしの心ぞうが、時限ばくだんのようにドクドクと音をきざみながら早くなっていく。

四　助け船

「お待ちなさい」

重く大きなとびらが開いて、入ってきたのは、黒いショールを頭からまとった一人の婦人だった。

「これはこれは、おきさきさま」

永久《えいきゅう》

保証《ほしょう》

保　永久

発《はっ》展《てん》

★次の漢字を読んでみましょう。

①雑木林に入る。

②際立つ美しさ。

③土俵に上がる。

④災い転じて福となす。

⑤よく肥えた牛。

（答え）①ぞうきばやし ②きわだ ③どひょう ④わざわ ⑤こ

アリたちが、いっせいに道をあけ、深々とおじぎをした。

婦人は、ゆっくりときよしの前に来て、ショールを頭からはずした。

牛舎にいたアリの婦人だった。

「おきさきさま？」

おどろいたきよしが、聞き直した。

「あまりに**貧**しい身なりをしていたから、信じられないでしょう。わたしは、この国を**統**治《ち》する女王なのよ」

女王は、ドレスのポケットから、小型のびんを取り出した。そして、裁判官の前に立つと言った。

「裁判官にこれをお**預**けいたします。これは、王子の発明した薬と同じものです」

裁判官は、あわてて立ち上がり、女王に席をゆずった。

「おきさきさま、これをどうやって作り出したんですか？」

びんの中の白い薬をながめながら、裁判官はたずねた。

「王子が残した薬のレシピを、こわされた倉庫から見つけました。そこには、牛にゅうから作る方法が書いてありました。ただし、しぼりたての新せんな牛にゅうからでないと**効**果《か》が得られないと。わたしは、息子の開発した薬を再び作りだすために、牛舎に通っていました。しかも、そのこと

貧《まず》しい　貧
統《とう》治《ち》　統
預《あず》ける　預
効《こう》果《か》　効

発《はつ》展《てん》

★次の漢字を読んでみましょう。

①先生から指導を受ける。
②両者を対比する。
③委員会を設ける。
④辺境の地。
⑤天気を観測する。

（答え）①しどう ②たいひ ③もう ④へんきょう ⑤かんそく

をだれにもさとられないように、貧しい農婦に変そうしていたのです」

　女王は、今度は、アリたちのほうを向いた。

「国民のみなさん、聞いてください。わたしが、王子の開発した薬をもう一度作りましたので、病は必ず治ります。今、この者を死けいにしたとしても、それが**正義**と言えるでしょうか。それよりも、この者に、つぐないとして、わが国のために働《はたら》いてもらいましょう」

　会場が、ざわざわとしてきた。

「こんなやつに、一体どうやって、わが国のためになってもらうんだ！」

「そうだ、こんなやつにできるわけがない！」

　バンバンバンッ！

　裁判官の木づちがまたひびいた。

「女王へいかの提案を聞こうではないか！」

　裁判官の言葉に、会場は静《しず》まり返った。

　女王は、おだやかな表情で、アリたちを見わたしながら、話しだした。

「このたびの事故で、王子のひつぎが破かいされ、何人かのけが人が出てしまったことは、大変残《ざん》念なことです。このことをわすれないために、そして王子の**徳**をたたえるため、きよし王子の名前の記念碑《ひ》を建てました」

　きよしは、はっとした。

正義《せいぎ》
徳《とく》

義　徳

発《はっ》展《てん》

★次の漢字を読んでみましょう。

①農耕民族としゅりょう民族。
②確実な方法をさぐる。
③今日は快晴だ。
④独立独歩をつらぬく。
⑤資料を配布する。

（答え）①のうこう ②かくじつ ③かいせい ④どくりつどっぽ ⑤はいふ

（あの、木でできた墓のような板！）

しかも、病気でなくなった王子は、きよしと同じ名前なのだ。では、あそこには、『故・きよし王子にささぐ』と書かれていたのか。

「とても悲しい出来事でしたが、ひとつだけ、この者はよいことをしてくれました」

女王は、きよしに顔を向けた。やさしい目をしていた。

「それは、なんでございましょうか？」

裁判官の質問に、女王はゆっくりと口を開いた。

「アリ王国の悪大臣《じん》をつかまえられたことです。あの大臣は、自分の利**益**だけを追《つい》求して、王子の薬を売りさばこうとしたり、正しい**政**治をしなかったではありませんか。そのために、国民は、重**税**に苦しみ、**経**済《ざい》的にとても貧しくなったのです」

「おおー」という声がわき上がった。みんなもその通りと思っていたようだ。

「でも、運河が流れて、貿易がさかんな様子ではありませんか」

きよしは思ったことを**率**直に口に出した。

すると、裁判長は、先ほど証人になった少年をよんだ。

「この者に、説明してあげよ」

利益《りえき》　政治《せいじ》　重税《じゅうぜい》　経済《けいざい》　率直《そっちょく》

益　政　税　経　率

発展《はってん》
★次の漢字を読んでみましょう。
①人通りが絶える。
②食料を寄付する。
③相手の気持ちに報いる。
④夢を実現させる。
⑤毒舌をはく。

（答え）①た ②きふ ③むく ④じつげん ⑤どくぜつ

「はい」

　進み出てきた少年は、きよしに利発そうな目を向けて話し出した。

「あの運河は、きよし王子さまが、国を**豊**かにするために発案なさってでき上がったものです。確かに、運河のおかげで、わが国の経済はうるおってきました。ところが、王子さまがなくなると、その家庭教**師**をしていた者が計**略**によって大臣になり、わがもの顔に貿易をするようになり、しまいには、自分の経**営**する会社にもうけを横流しするようになったのです」

　女王が、その後を続けた。

「はずかしい話です。あの者をすっかり信用していたわたしは、つい最近まで、その悪行に気がつかなかったのです。そのことが発覚《かく》したので、断罪する**準備**をしていたところです。そのことに気がついた大臣は、輸送用の船といっしょに国外ににげようとしたのです。ところが、あなたのおかげで、その船が大破してしまいました。大臣はにげられず、つかまえることができたのです」

　きよしが運河で見たこわれた船は、大臣が乗ってにげようとした船だったのだ。きよしがその悪大臣を、結果的に**退**治したということらしいが……。

「さあ、きよし。あなたが、あの者にかわって大臣となり、この国を立て

豊《ゆた》か
教《きょう》師《し》
計《けい》略《りゃく》
経《けい》営《えい》
準《じゅん》備《び》
退《たい》治《じ》

豊　師　略　営　準備　退

直すのです」

講堂が、またざわついた。

「そんな！　人間に正しい政治ができるものだろうか……」

「しかし、この者の名前が、王子さまと同じということは、何か意味があるのかもしれないぞ」

「かといって、大臣というのは……」

しばらく、アリたちはきよしのけいについて話し合った。

五　大臣たん生

「判決《けつ》を言いわたす！」

裁判官が、声をはり上げた。

「この者、きよしをアリ王国になん禁するけいに処《しょ》す。わが国の経済と**領**土を豊かにするために働くこと。ただし、**条**件がある。そのために、おまえにあえて大臣という大役をになわせることにする。**常**に**責任**ある発言と行動をするように。立て直すまでは、この国から出ていくことは許されない。にげだしたら、今度こそ、死けいだ。よいな」

裁判官にさぐるような目を向けられて、首を横にふるなんてできない。

領土《りょうど》　**条**件《じょうけん》　**常**《つね》に　**責任**《せきにん》

領　条　常　責任

発《はっ》展《てん》
★次の漢字を読んでみましょう。
①日々、技をみがく。
②妻と出かける
③相手に感謝する。
④薬がよく効く。
⑤余熱を利用する。

（答え）①わざ ②つま ③かんしゃ ④き ⑤よねつ

こうして、助かっただけでも、ありがたいと思わなくては。だけど、ぼくにそんなことができるだろうか？

とまどっているきよしの前に、女王はいすから立ち上がり、近づいてきてくれた。そして、きよしの頭に手を置いた。

「きよし、なんじを、わがアリ王国の大臣に任命《めい》する。きよし大臣のしょう号を**授**けよう。……**逆**らわず、**承**知《ち》いたしました、とこしをかがめて」

女王は、そっと耳元で教えてくれた。

きよしは、こしをかがめた。

「承知いたしました」

いっせいにかん声が上がった。全員が**賛**成してくれたのだ。

六　コミュニティーセンター

大臣に任命されたきよしは、組《そ》**織**を立て直し、国をよくするための可**能性**を必死にさぐった。

この国では、きよしぐらいの少年・少女たちが、国の要**職**についている。**老**《ろう》人たちは、引《いん》退して家にひきこもるけい向にある。

きよしは、いなかに住むじいちゃんのことを考えた。じいちゃんの家は、

授《さず》ける　逆《さか》らう　承《しょう》知《ち》　賛《さん》成《せい》　組《そ》織《しき》　可《か》能《のう》性《せい》　要《よう》職《しょく》

授　逆　承　賛　織　能性　職

らく農家で、いつも畑仕事や牛たちの世話《わ》をしている。遊びに行くと、畑の作物《さくもつ》や肥料の配合、牛の世話の仕方を教えてくれる。山菜採りだって、自然のめぐみについて教えてくれていたのに、つまんない、なんて思ってしまった。きよしは反省した。

じいちゃんは、夜になるとオレンジ色の明かりの下で、昔話を聞かせてくれる。なんともあったかい気持ちになって、ねむたくなる。きよしは、こういう時間が大好きだった。**旧**式に思える生活が、人々をほっとさせるのだ。

「そうだ！」

きよしは、第十五倉庫の建て直しを命じた。ただし、もう倉庫ではない。お年寄りからたくさんのちえを教えてもらう『コミュニティーセンター』だ。

大きなまどの明るいセンターには、たくさんの部屋があり、ただで**貸**しだしている。昔の遊びや、農業や経営の**基**礎《そ》講座《ざ》などが毎日開かれ、その様子は、テレビや朝《ちょう》**刊**、夕刊で国じゅうに公開される。

老若男女《ろうにゃくなんにょ》で、資げんや人材の**豊富**な国づくりのために語り合い、報告書を**編**集して、出**版**もする。コミュニティーセンターからどんどん国民の輪が広がっていった。

旧式《きゅうしき》　貸《か》す　基礎《きそ》　朝刊《ちょうかん》　豊富《ほうふ》　編集《へんしゅう》　出版《しゅっぱん》

旧　貸　基　刊　豊富　編　版

いつのまにか、アリ王国の経済は活発になり、生活水準も上がってきた。貿易も再びさかんになり、他の虫の国からの**評**判も急上しょうしてきた。

きよしは、大臣室のいすにすわって、自分がわかったことをノートに書いた。『豊かな国にするためには、古きを大切にし、人生の先ぱいから学《まな》び、たがいに思いやりを持ってくらすこと』

ドアが開いて、入ってきたのは女王だった。

「きよし、よく任**務**をまっとうしてくれました。あなたの罪は許されましたよ。王国は、真に豊かな国に生まれ変わりました。さあ、祝《しゅく》**賀**会を開きますよ」

きよしは、大臣を引退した。大臣の席は第十五倉庫管理長だった、聡《そう》明な目をした少年にバトンタッチした。

「これが、大臣の**券**だよ」

きっぷのようなものをわたした。そこには、小さく『豊かな国にするためには……』と、書いてあった。やさしい心を持てたのも、アリたちのおかげだ。この**恩**は一生わすれないで、アリたちのことを心に**留**めておくつもりだ。

祝賀会の後、きよしはアリたちに見送られ、迷路の入り口にもどってき

評《ひょう》判《ばん》　任《にん》**務**《む》　祝《しゅく》**賀**《が》会《かい》　**券**《けん》　**恩**《おん》　**留**《と》める

評　務　賀　券　恩　留

発《はっ》展《てん》

★次の漢字を読んでみましょう。

①険しい道を行く。
②類似品をさがす。
③なぞを解く。
④正しく記述する。
⑤お店を営む。

（答え）①けわ ②るいじひん ③と ④きじゅつ ⑤いとな

た。とびらを開くと、こん虫館の中だった。

ふり返ると、あとかたもなくとびらは消えて、かべだけだった。

「きよし、むかえにきたぞ」

不思議なことに、あれから一時間しかたっていなかった。

「じいちゃん、もっと山菜採ろうよ。ぼく、ちゃんと手伝うよ」

きよしは、じいちゃんの手をにぎった。じいちゃんは、にっこり笑って、ぎゅっとにぎり返してくれた。

発《はっ》展《てん》

★次の漢字を読んでみましょう。
①逆境にうち勝つ。
②マフラーを編む。
③才能に富んだ人。
④健康に留意する。
⑤はちの大群がおしよせる。

（答え）①ぎゃっきょう ②あ ③と ④りゅうい ⑤たいぐん

攻略！

攻略！
六年生の
学習漢字

道場を守れ！

文・中村文人

一

「きたきた。父さんからのメールだよ」

ぼくは、**机**のパソコンの画面をのぞきこんだ。

ぼくは山《やま》名《な》良《りょう》太《た》。小学六年生。おじいちゃんと二人で**暮**らしている。

父さんと母さんは、今、ブラジルにいる。父さんの会社は**株**式会社さんさん商事といって、元は**蚕**から**絹**糸を作っていたが、今は外国と貿易をする会社なのだ。父さんは海外転**勤**になり、南米《べい》**諸**国を飛びまわっている。

「父さんの会社を、天**皇**・**皇后**両**陛**下が**視**察されるんだって」

おじいちゃんに話しかけたが、返《へん》事がない。

「すごいよね。両陛下の案内役を**担**当するんだって」

いつもならこんな時、「おー、高**貴**なお方と接するなど、**我**が息子《むすこ》ながら**尊敬**するのう」と大喜びなのに。

机《つくえ》　暮《く》らす　株式《かぶしき》　蚕《かいこ》　絹糸《きぬいと》　転勤《てんきん》　諸国《しょこく》　天皇《てんのう》

机　暮　株　蚕　絹　勤　諸　皇

皇后《こうごう》　陛下《へいか》　視察《しさつ》　担当《たんとう》　高貴《こうき》　我《わ》が　尊敬《そんけい》

皇后　陛　視　担　貴　我　尊敬

読んで　書いて
漢字マスター

「都**庁**にでも**就**職していたら海外など行くこともなかったのに」

俳句の本を手に、おじいちゃんがぽつりとつぶやいた。

「こんな時、おまえの父さんがいてくれたら……。**困**ったのう」

「いったいどうしたの？　おじいちゃん」

「松の大**樹**のそばの道場、神係《かみがかり》道場から試合《しあい》の申しこみが来たんじゃ」

おじいちゃんは明治時代から続く剣《けん》道場・山名道場の先生なのだ。おじいちゃんは、軍隊の**将**軍**閣**下も打ち負かしたほど強かったらしい。

神係道場とは、新聞広告などで**宣**伝して**拡**大・発**展**している道場だ。練習生が何**班**にも分かれてけいこするらしい。

でも「**蔵**が建つほどもうかっている」とか「小さな道場を強《ごう》引に**吸収**するなど**裏**であくどいことをやっている」と評判がよくない。

そんな神係道場が勝手なことを言ってきている。夏休みの終わりの剣道大会で**優**勝をかけて勝負しろというのだ。しかも神係道場の選手が優勝すれば、うちの道場を吸収するという。でも神係が優勝できなければ、『この話はなかったことに』するそうだ。

山名道場は、おじいちゃんとぼくしかいない小さな道場だ。だからねらわれたのか。ゆいしょある山名道場が目**障**りだったのか。

「何の**権**利があるの。**憲**法いはんだよ。**裁**判所にうったえよう。それか、

都庁《とちょう》　就職《しゅうしょく》　俳句《はいく》　困《こま》る　大樹《たいじゅ》　将軍《しょうぐん》　閣下《かっか》　宣伝《せんでん》　拡大《かくだい》　発展《はってん》　何班《なんばん》　蔵《くら》

庁　就　俳　困　樹　将　閣　宣　拡　展　班　蔵

吸収《きゅうしゅう》　裏《うら》　優勝《ゆうしょう》　目障《めざわ》り　権利《けんり》　憲法《けんぽう》　裁判所《さいばんしょ》

吸　収　裏　優　障　権　憲　裁

おじいちゃんは奈良《なら》県の元**警**察**署**長だったよね。警察に言いに行こう」

ぼくは興**奮**《こう》してまくしたてた。

「わしはスリ捜《そう》査**専**門の警部**補**だったんじゃ。警察は事件が起きないと動かんし」

おじいちゃんはもう役所の市民課に相談してみたという。でもいろんな課で話は聞いてくれたものの、「**善処**します」と言われたそうだ。

「いわゆる**縦割**り行政なのかのう」

おじいちゃんは仏《ぶつ》だんの前に行き、**供**え物をして手を合わせて**拝**んだ。今は**亡**きおばあちゃんに相談しているのだろうか。

うちの**宗派**のことはわからないけど、ぼくも手を合わせた。

「この山名道場をもう一度**盛**り上げようと思っていたのに。うちのような規**模**の道場は大手にやられ、**閉**じるしかないのか……。わしの心は**灰**色じゃ」

「山名道場はどうなるの、おじいちゃん。代々守ってきた道場じゃないか！」

「そうだな。わしも、もう**潮**時かと思ったが、小さくとも一国一**城**のあるじ。ご先祖さまがのこしてくれたこの山名道場を守らねば」

おじいちゃんの目がかがやきだした。

「どこかの道場と同**盟**を結ぶことも考えたが、この試合を受けて立つぞ」

警察《けいさつ》　署長《しょちょう》　興奮《こうふん》　専門《せんもん》　警部補《けいぶほ》　善処《ぜんしょ》　縦割《たてわ》り　供《そな》え物《もの》　拝《おが》む　亡《な》き

警　署　奮　専　補　善処　縦割　供　拝　亡

宗派《しゅうは》　盛《も》る　規模《きぼ》　閉《と》じる　灰色《はいいろ》　潮時《しおどき》　一城《いちじょう》　同盟《どうめい》

宗派　盛　模　閉　灰　潮　城　盟

「やったね。おじいちゃん」

「これは**仁**義なき戦い、いや、**聖**なる戦いじゃ、やつらの野望を**討**ちほろぼす！」

「おー！」

おじいちゃんの言葉に、ぼくはこぶしをつき上げた。

「良太、おまえを代表選手に**推**す！　良太が試合に**臨**むのじゃ！」

「というより、ぼくしかいないじゃん。神係みたいに選手**層**の厚いところに勝つのは**難**しいよ」

練習相《あい》手がいないぼくは、今まで、試合でいい成績を残せていないのだ。

「**秘策**を**至**急考えよう！　おじいちゃん」

その時、**郵**便《びん》局のおじさんが一通の速《そく》達を**届**けてくれた。手紙は、おじいちゃんの**郷**里《り》の親戚《せき》・津《つ》川《がわ》のおじさんからだ。おじさんは奈良の名門・津川道場の先生。手紙を読むと、おじさんの一人むすめがうちの道場に練習をしに**訪**ねてくると書いてある。

「なんだ、女の子じゃん。ぼくの練習相手にはならないよ」

「見くびるでないぞ。良太と同学年だが、**並**の女子ではない。奈良県の大会で三年連続優勝のつわものじゃ」

「へえー、どんな子なのかな」

仁《じん》義《ぎ》　聖《せい》なる　討《う》つ　推《お》す　臨《のぞ》む　選《せん》手《しゅ》層《そう》　難《むずか》しい　秘《ひ》策《さく》　至《し》急《きゅう》　郵《ゆう》便《びん》局《きょく》　届《とど》ける　郷《きょう》里《り》

仁　聖　討　推　臨　層　難　秘　策　至　郵　届　郷

訪《たず》ねる　並《なみ》

訪　並

「それは秘密じゃ。会ってからのお楽しみ。良太が今まで出会ったこともないすごい女子じゃぞ。天の助けじゃのう」

その晩、おじいちゃんは、津川のおじさんに電話で神係道場の野望について話し出した。

二

次の日、ぼくはその子をむかえに駅に向かった。その子の名前は、津川かおる。ぼくは待ち合わせの駅前にある劇場の周りを探した。

「いてえー、足をふみやがったな、このやろう」

でかいやつが、ぼくを射るようににらみつけている。

「大衆の面前《ぜん》で、はじをかかせてくれたな。あやまれ」

地域の不良《りょう》たちだ。徒党を組んで、人にからんでくる。手下が、針金を巻きつけたこん棒を手にしている。

まずい、これは危ないぞ。みんなすごい筋肉、ムキムキだ。懸《けん》垂百回くらいしないとこんな体にはならないかも。胸板が鋼みたいに固そうだ。

一人がぼくの胸ぐらをつかんだその時、女の人のかん高い声がした。

「よってたかって、小学生にケンカしかけるなんて、やめなさい」

秘密《ひみつ》 晩《ばん》 劇場《げきじょう》 探《さが》す 射《い》る 大衆《たいしゅう》 地域《ちいき》 徒党《ととう》 針金《はりがね》 巻《ま》く こん棒《ぼう》 危《あぶ》ない 筋肉《きんにく》

密 晩 劇 探 射 衆 域 党 針 巻 棒 危 筋

懸垂《けんすい》 胸板《むないた》 鋼《はがね》

垂 胸 鋼

「なんだとー。ねえちゃん、口出すんじゃねえよ」

今度はその不良が、女の人の肩《かた》に手を置いた。

「そのきたならしい手をのけたほうが、そなたの身のためと**忠**告してしんぜよう」

「なんだあ、変な言葉づかいしやがっ、いてててー」

女の人は、不良の**片**うでをひねり上げ、投げとばした。

「さあ、にげますぞ」

女の人はぼくの手を取ってかけだした。

「覚えてろー、これで**済**むと思うなよー」

不良たちの声が聞こえた。ぼくらは線路に**沿**って走り、神社の階**段**のところまでにげてきた。

こんなに全速力で走ったのは久しぶりだ。おかげで**肺**が苦しい。

ふと見ると、女の人は大きな荷物をかついでいた。剣道の防具だ。

よく見るとその人は**背**が高いけど、少女だ。

「かおるちゃんだよね？　ぼく、良太。山名良太だよ」

「かおるちゃんなどと、なれなれしい。姫《ひめ》と**呼**びなさい」

「ひ、ひめ？　なにそれ？」

「さあ、ご自**宅**へ案内されよ」

忠告《ちゅうこく》　片《かた》うで　済《す》む　沿《そ》う　階段《かいだん》　肺《はい》　背《せ》　呼《よ》ぶ　自宅《じたく》

忠　片　済　沿　段　肺　背　呼　宅

防具をかついであんなに走ったのに、姫とやらは平然と歩きだした。肩までの長いかみから、**洗**いたてのシャンプーのいいかおりがする。美人というよりかわいい**系**だけど、あの言葉づかいは、なに？　**宇宙**人か？

三

翌朝からおじいちゃんとけいこが始まった。剣道大会まで三週間しかない。こしの調子がよくないおじいちゃんも、気合いでぼくの練習を見てくれるという。

「素ぶり、始め！」「すり足で、道場十周」「切り返し、始め！」

あせがふきだしてくる。地球温**暖**化のせいか、ここのところすごく**蒸**し暑い。その上、うちの道場は、**窓**が小さくて、風が通りにくいのだ。

「暑くて、**脳**みそまで**干**物になりそうだよ」

「これくらいの練習が**厳**しいなんて、**若**いもんが情けないぞ」

その時、かおるが一礼をして道場に入ってきた。

「姫、さっそくだが良太と一度手合わせ願えんかな」

姫って、おじいちゃんまでかおるのことを姫と呼ぶの？

洗《あら》う　系《けい》　宇宙人《うちゅうじん》　翌朝《よくあさ》　温暖化《おんだんか》　蒸《む》す　窓《まど》　脳《のう》みそ　干物《ひもの》　厳《きび》しい

洗　系　宇宙　翌　暖　蒸　窓　脳　干　厳

若《わか》い

若

かおるは正**座**をして面をつけだした。かおるのけいこ着もはかまも、面も小手《こて》もすべて白。胴《どう》は赤胴《あかどう》で、顔が**映**りそうなくらいピカピカだ。ぼくはかおるの**姿**を**穴**があくほど見つめてしまった。

ぼくは竹刀《しない》を構えたが、ぴくりとも動くことができなくなった。かおるの構えに、まったくすきがないからだ。

ぼくは気合いを入れて、打ちこんでいった。メン、コテ、コテ、メン！

かおるの竹刀がぼくの技《わざ》を軽く受け流している。

ぼくの連打が止まったとたん、かおるの竹刀の先が目の前にせまった。

ぼくは思わず下がった。

「メーン」

やられた。かおるの放《はな》った技はこの一打。

「おじいさま、良太どのの実力はわかりました。これより**私**がけいこをつけますゆえ、どうぞお休みくださいませ」

「良太、姫が来てくれたから、心配ないぞ。しっかりやれ」

おじいちゃんは、こしをとんとんとたたきながら道場を出ていった。

「良太どの、パソコンを貸していただけますか？」

かおるは正座をして面をはずしだした。

正座《せいざ》　映《うつ》る　姿《すがた》　穴《あな》　私《わたくし》

座　映　姿　穴　私

発展《はってん》

★次の漢字を読んでみましょう。

①暮色に包まれる。
②養蚕がさかん。
③会社に勤める。
④自我に目覚める。
⑤尊い命。

（答え）①ぼしょく ②ようさん ③つと ④じが ⑤とうと

四

カタカタ。かおるがパソコンのキーボードを打っている。古風なくせに、パソコンの**操**作《さ》はすごい。剣道が強くなる**装**置《ち》でも、検索《さく》しているのだろうか。

「ダウンロードが終わりました。ボクシングの試合をじっくり見ますぞ」

「ボクシングって？　道場で練習はしないの？」

「剣道とボクシングは**異**なった競技ですが、共《きょう》通点も多いのです」

かおるが「Enter」キーをおすと、画面の中で、試合が始まった。が、一方の相手がすぐにノックアウトされてしまった。

どんどん見ていっても、みんなノックアウトシーンばかりだ。

「なにこれ、こんなのがぼくに役に立つっていうの？」

「ノックアウトされるほうに共通点があるのです。しっかりご**覧**なさい」

その言い方にムカついたが、ぼくはしばらくの間、画面を注目《もく》して見た。

「良太どの、午前中の練習はこれで終わり。お昼にしますぞ」

「えっ、これだけ？　いいのかなあ。でも**腹**も減ってきたし、まあいいか」

操《そう》作《さ》　**装**《そう》置《ち》　**異**《こと》なる　ご**覧**《らん》　**腹**《はら》

操　装　異　覧　腹

発展《はってん》

★次の漢字を読んでみましょう。

①老人を敬う。
②希望の職に就く。
③いい空気を吸う。
④道具を箱に収める。
⑤表裏一体。

（答え）①うやま ②つ ③す ④おさ ⑤ひょうり

キッチンでかおるが料理をしていると、おじいちゃんがやってきた。

「おじいさまの好きな、お**砂糖**を少し入れた厚焼き玉子にしております」

「わしの好《この》みで作ってくれておるのか。姫は**優**しいのう」

おじいちゃんはかおるが来てから、なんかデレデレしているような気がする。

「あまい玉子焼き？　ぼくは半**熟**のゆで**卵**がいいな」

ぼくはおじいちゃんのデレデレにちょっと反発してやった。

かおるの作った料理は、雑**穀**入りのご飯に、玉子焼き、**納**豆《とう》に、みそしる。

「年寄りのご飯みたい。せめて牛**乳**を出してよ。食事は大事な力の**源**なのに」

「ぜいたくを言うな、良太。午後からの練習があるから、これくらいがよい」

おじいちゃんは、ぼくに厳しい視線を送った。

「はいはい、わかりました。いっただきまーす」

玉子焼きがいいかおりだ。食**欲**がわいてくる。ぼくは一口ほおばった。

うまい。みそしるもすごくおいしい。

「食べ終わって一時間休けいのあと、浜辺《はまべ》に集合のこと」

砂糖《さとう》　優《やさ》しい　半熟《はんじゅく》　卵《たまご》　雑穀《ざっこく》　納豆《なっとう》　牛乳《ぎゅうにゅう》　源《みなもと》　食欲《しょくよく》

砂糖　優　熟　卵　穀　納　乳　源　欲

そう言うと、かおるは自分の食器を片づけ、立ち上がった。

「ねえ、おじいちゃん。姫はどうしてあんな言葉づかいなの？」

「津川家は代々しつけが厳しいんじゃ。特に女子はていねいな言葉づかいをするよう教育されているらしい」

「ていねいを通りこして、時代劇みたいだけど」

ぼくは麦茶をごくりと飲んで、立ち上がった。

五

夏の太陽が照りつける浜辺にかおるが立っていた。

かおるは、ぼくになわとびを差しだした。

「なわとびなの？　こんな**簡**単な練習で勝てるようになるのか、**疑**問だよ」

ぼくはふてくされながら、とびはじめた。

あれ？　なわとびが、すぐに足に当たって引っかかった。やり直しても、またすぐに引っかかる。少し高めにとんでみると、ＯＫ、できた！

「次は、私の言う足を前に出したステップでとんでみなさい」

「よしきた！」

「みぎ、ひだり、みぎ、ひだり」

簡《かん》単《たん》
疑《ぎ》問《もん》

簡　疑

発《はっ》**展**《てん》
★次の漢字を読んでみましょう。
①芸術に優れる。
②進行に支障をきたす。
③悪の権化となる。
④悪事を裁く。
⑤勇気を奮って言う。

（答え）①すぐ ②ししょう ③ごんげ ④さば ⑤ふる

かおるのかけ声に合わせてなわとびをとんだ。

「次はなわとびで、後ろ向きに走りなさい」

「えっ、ふつうは前でしょ」

「文句を言わず、私の言うことに**従**うのです」

はかまでなわとび。しかもバックで進むなんてはじめてだから、足がもつれて、ぼくは何度も転んだ。

「初日にしては、なかなかのものです。暑い中よくがんばりました」

それから一週間は、朝に素ぶりをする以外は、ボクシングの動画を見ることと、浜辺でのなわとびが続いた。

「かおる、じゃなかった姫、新しい技を練習するとかしなくていいの？」

「では、まず復習。ノックアウトされたボクサーたちの共通点は？」

「なんだろう。ガードがあまいとか」

「ちがいます。共通点は二つ。まっすぐ下がった時と両足が平行にそろった時。はじめて手合わせした時、良太どのはまっすぐ下がった」

「だからメンを入れられたのか」

「ボクシングのフットワークと剣道のすり足はよく似ています。互角《ごかく》のうで前の時、足さばきで勝負が決まることがよくあります」

「だから、フットワークをきたえるための**砂**浜でのなわとびなんだ」

従《したが》う

砂《すな》浜《はま》

従	砂

発《はっ》展《てん》

★次の漢字を読んでみましょう。

①専らのうわさだ。
②足りない部分を補う。
③善い行いを心がける。
④縦横無尽《むじん》にかけまわる。
⑤仕事を分割する。

（答え）①もっぱ ②おぎな ③よ ④じゅうおう ⑤ぶんかつ

ぼくは思わずパチンと指を鳴らした。

「では次の練習に入りますぞ。さあ、向かい合って」

かおるのまじめな口《く》調、古風できりっとした言い方がちょっと気になっている。ふつうの六年生の女子にはない物ごしが、ぼくの**心臓**にビッとひびいてくる。

「ではジャンケンをします」

ジャンケン？　独《どく》**創**的すぎ！　変なアイデアが、**泉**のようにわき出るやつだ。

「スポーツ雑**誌**を何**冊**読んでも、そんな練習は書いてないし。**訳**がわかんない」

「良太どの、やらないうちから**批**判するのはよくありませぬ」

「どんな理**論**があるのか知らないけど、**机**上の空《くう》論っていうんじゃないの」

ぼくはムキになった。

「十戦して良太どのが六回以上勝ったら、私は良太どのの練習相手を**降**ります！」

「そう言うなよ。しかたないな。よし、勝負！」

「ジャンケン、ポン！」

ぼくはパー、かおるはチョキ。

心臓《しんぞう》　臓
独創的《どくそうてき》　創
泉《いずみ》　泉
雑誌《ざっし》　誌
何冊《なんさつ》　冊
訳《わけ》　訳
批判《ひはん》　批
理論《りろん》　論
机上《きじょう》　机
降《お》りる　降

「もういっちょう！　ジャンケン、ポン！」

負けた。次も負け。なんと十戦十敗。かおるに勝てない。

それから練習に、ジャンケンが加わった。

でも一週間ジャンケンをしていると、もうあきてきた。

「こんな練習をして、何になるのさ」

ぼくは**幼**い子**供**のようにわめきたくなった。

「彼《かれ》を知り**己**を知れば百戦してあやうからず」

かおるは本を手にして一文を**朗**読した。

「中国の古典『孫子《そんし》』という書物。**著**者の孫武《そんぶ》という人の言葉です」

「どういう意味なのさ」

「自分と敵をよく研究すれば負けることはない、という意味です」

かおるは続けた。

「ジャンケンで勝つには、二つ。一つは相手が何を出すかを予測《そく》すること。もう一つは手の動きに注目すること。良太どのは、その二つともできていない」

「だから一度も勝てなかった……」

ぼくは欠点を指《し》てきされたようで、がっくりとうなだれた。

「さよう。グーを出す時、こぶしをしっかりにぎっているし、パーの時は、

幼《おさな》い　子《こ》供《ども》　己《おのれ》　朗《ろう》読《どく》　著《ちょ》者《しゃ》

幼　供　己　朗　著

発《はっ》展《てん》

★次の漢字を読んでみましょう。

①部屋を提供する。
②お寺に参拝する。
③死亡する。
④受賞を盛大に祝う。
⑤無理な要求に閉口する。

（答え）①ていきょう ②さんぱい ③しぼう ④せいだい ⑤へいこう

一勝九敗、三勝七敗……。ぼくの勝率《りつ》が少しずつ上がりだした。

「よーし、わかった！　姫、勝負！　ジャンケン、ポーン！」

こぶしのにぎりがゆるいのです」

六

翌朝、ぼくとかおるは、久《ひさ》しぶりに防具を着けて練習を始めた。

あれ？　この前と感じがちがう。かおるの構えに圧とうされなくなってるぞ。連打が小気味よく打てる。かおるの動きが止まった。チャンス！

「メン」「コテ！」

やられた……。得意のメンを打ったのに、それより先にかおるはいとも簡単に、ぼくのコテを打っていた。

おじいちゃんがはく手しながら道場に入ってきた。

「良太、足さばきがとてもよくなっておる。だが」

おじいちゃんの言葉をかおるが制した。

「おじいさま、そのあとは私が」

「おう、そうじゃったのう。姫、あとはたのんだぞ」

おじいちゃんはそれだけ言うと、自分の部屋にもどっていった。

発《はっ》展《てん》
★次の漢字を読んでみましょう。
①もうすぐ満潮をむかえる。
②城を守る。
③姿勢を正す。
④討論会を開く。
⑤事件を推理する。

（答え）①まんちょう ②しろ ③しせい ④とうろん ⑤すいり

「良太どの、海岸へ行きますぞ」

「また？　今日は特に暑いからバスに乗ろうよ」

「**運賃**がもったいのうございます。近いので歩きます」

七

「良太どの、ここに**座**って」

かおるとぼくは、浜辺におりる階段にこしをおろした。

「よー、お二人さん」

その声にふり返ると、背の高い男子が立っていた。

「変わった練習をしているとうわさの山名の剣士たち、がんばっているな」

「そなたは何者？　神係道場の？」

「そうだ。おれは神係三郎。今度の剣道大会に出場するぞ」

ぼくは思わず見上げた。でかい。高《こう》校生のようだ。

「おまえたちがどんな練習をしようと、おれがいるかぎり優勝は無理だ」

「その上《うわ》**背**、うでの筋肉、それだけで相当な使い手と**認**めよう。だがうちの良太どのを見くびっていては後《こう》悔《かい》することになりますぞ」

「山名道場が**遺**物となるのは、時間の問題だな」

運賃《うんちん》　**座《すわ》る**　**上背《うわぜい》**　**認《みと》める**　**遺物《いぶつ》**

賃　座　背　認　遺

発《はっ》展《てん》

★次の漢字を読んでみましょう。

①臨機応変に考える。
②難題に頭をなやませる。
③裏山を探検する。
④注射を打つ。
⑤困っている人を救済する。

（答え）①りんきおうへん ②なんだい ③たんけん ④ちゅうしゃ ⑤きゅうさい

神係は笑いながら歩いていった。

「姫、あんなやつと当たったら、ぼく勝てないよ」

「良太どの、試合前からそんな**否**定的になってはいけませぬ」

かおるはにっこりほほえんだ。いつもの厳しい顔ではない。

「良太どの、海を見ましょう」

なんか優しい。

ふとかおるのほうを見ると、横顔が美《うつく》しかった。ぼくの**胸**はどきどき高鳴った。

「良太どの、何を見ておられる？」

「い、いや、何も」

「大事な時期におなごの顔を見てデレデレしてはなりませぬ。不**純**ですぞ」

「**誤**解だよ、姫」

ぼくのほおは、はずかしいくらい真っ赤《か》に**染**まった。

「それはよいとして、海のほうをご覧なさい。何が見えますか」

「汽船が見えるよ」

「では汽船にしょう点を当ててみて、ほかに何が見えますか」

「うーん、汽船以外はわからない。それがどうしたのさ」

やっぱりかおるは、ぼくにコクるつもりではないみたいだ。

否《ひ》定《てい》的《てき》
否

胸《むね》
胸

不《ふ》純《じゅん》
純

誤《ご》解《かい》
誤

染《そ》まる
染

発《はっ》展《てん》
★次の漢字を読んでみましょう。
①起きてすぐ洗顔する。
②暖かい地方に行く。
③水が蒸発する。
④土砂がくずれる。
⑤映画を見る。

（答え）①せんがん ②あたた ③じょうはつ ④どしゃ ⑤えいが

「では汽船をぼうっと見なさい」

「ぼうっと見る？？？？」

その後、ぼくらは三日間、浜辺に来ては汽船をぼうっとながめた。

「汽船をぼうっと見るとほかに」

「右に灯台、左のおきにカモメが飛んでいるのが見えるよ」

「そのとおり」

かおるは小さくはく手をした。

「視野を広くぼんやり見ると、一点に集中して見るより、周りのものやその動きがよく見えるのです」

剣道ではこうげきする場所を集中して見ると、相手に視線の先を読まれ、見破られてしまう。だから相手の頭の先からつま先までをぼうっと見ることで、こうげきする場所をさとられないし、また逆に、相手がどんな技をしかけてくるかもわかるという。

「そうか、だから汽船をぼうっと見る練習だったんだ。納得したよ」

八

そして三週間が過ぎ、ついに大会の日がやってきた。

発《はっ》展《てん》

★次の漢字を読んでみましょう。

①親の遺言を守る。
②私利私欲に走る。
③ロボットを操る。
④異国の地に立つ。
⑤起源を調べる。

（答え）①ゆいごん ②しりしよく ③あやつ ④いこく ⑤きげん

朝からきん張《ちょう》で**心臓**がドキドキする。筋肉が**縮**んでいるような感じだ。ぼくは道場で体操をして体をほぐした。大きく深《しん》**呼**吸もしてみた。

そこにおじいちゃんとかおるがやってきた。

「良太、いよいよだな。これまでよくがんばった。**頂**上をめざせ」

「だいじょうぶかな、おじいちゃん。」

「わしの竹刀を貸してやろうか。良太の竹刀より長いから有利だぞ」

「だめだよ。六年生の竹刀は三**尺**六**寸**じゃないか」

「アハハー、竹刀の長さまで言えるから、冷静じゃ。だいじょうぶ」

おじいちゃんの笑い声につられて、かおるも笑った。

「姫との練習で得たことを**忘**れずにな。おじいちゃん**孝**行してくれ」

会場に着くと、かおるが赤胴を差し出した。

「良太どの、私の胴を着けてください。いっしょに戦いたいのです」

「ぼくの黒胴は**傷**だらけだから、こんなきれいな胴が**欲**しかったんだ」

「あげませんよ。今日の試合だけ」

かおるはにっこりした。かおるの赤胴で深**紅**の優勝旗《き》を手にしてやる！

試合の**幕**が上がった。まず一回戦。相手は五年生だ。でも油《ゆ》断は大敵。

縮《ち》む　深《しん》呼《こ》吸《きゅう》　頂《ちょう》上《じょう》　三《さん》尺《じゃく》　六《ろく》寸《すん》　忘《わす》れる　孝《こう》行《こう》　傷《きず》　欲《ほ》しい　深《しん》紅《く》　幕《まく》

縮　呼　頂　尺　寸　忘　孝　傷　欲　紅　幕

相手の動きを予測しながら、頭の先からつま先までをぼうっと見て、自分の足は常に動かす。

「コテ！」

相手が動くしゅん間に、ぼくは技を放った。審《しん》判の旗が上がった。ぼくが一本先制。

あせった相手はメンを打ってきたが、ぼくは竹刀でかわした。相手がまっすぐ下がったところをすかさず「メン！」

「勝負あり」と審判の声がひびいた。ぼくの二本勝ちだ。

二回戦、三回戦、四回戦とトーナメントを夢中で戦い、ついに決勝戦まで来てしまった。が、決勝の相手の名前を見た時に、ぼくの心臓は氷りついた。

「か、神係三郎か。あんなでかいやつにメンが届くかな」

「だいじょうぶ。どんなに強い相手でも必ずすきができます」

かおるは笑顔《え》を向けてくれたが、ぼくは武者《む》ぶるいが止まらない。

決勝戦が始まり、会場が大きなはく手につつまれた。

「コテ、メーン」

連続技を出しても神係は軽く受け流し、ぼくが下がったところを連続技でこうげきしてくる。でもぼくは決してまっすぐ下がらなかった。

発《はっ》展《てん》
★次の漢字を読んでみましょう。
①従来のやり方でおこなう。
②決まりを厳守する。
③危険をさける。
④幼児食をつくる。
⑤知己に会う。

（答え）①じゅうらい ②げんしゅ ③きけん ④ようじ ⑤ちき

「メン、コテ、メン」

神係の三段技をかわした時、ぼくと神係の足がからまった。神係はぼくにおおいかぶさってきた。

グキッと足首がにぶい音がして、ぼくは背中からたおれた。

「うう、み、右足が……」

激しい**痛**みで立ち上がれない。試合は一時中断した。

「しっかり。私がみましょう」

かおるがかけより、ぼくの足首をさわった。

「**骨**は折れていないけど、足首がはれ上がっている。困りました」

かおるは手ぬぐいを**割**いて、ぼくの足首にしっかり巻いてくれた。

「あと少しで時間切れになるから、なんとかがんばるのです」

試合再開。神係は素早いすり足で動きまわるので、ぼくはついていけない。

ピー、試合時間が終わった。

勝負がつかず、休けいのあと**延**長戦となった。

「さあ、氷で冷《ひ》やすのです」

「姫、もうだめだよ」

「勝負を**捨**ててはいけませぬ。心を**乱**さず、己を**律**してがんばるのです」

激《はげ》しい　激
痛《いた》み　痛
骨《ほね》　骨
割《さ》く　割
延長戦《えんちょうせん》　延
捨《す》てる　捨
乱《みだ》す　乱
律《りっ》する　律

「もう、右足が動かない」

ぼくはそでで、なみだをぬぐった。

「良太どの、おじいさまのためにも、そして、私のためにも勝って」

延長戦が始まった。時間は二分、一本勝負だ。秒**針**の**刻**みがいつもよりおそいような気がする。

神係はようしゃなく打ちこんでくる。

つばぜり合いになった時、神係はぼくに言いやがった。

「山名は**存**在する**値**打ちもない道場だ。おれが排《はい》**除**してやる」

「言わせておけば！　勝負はこれからだ！」

接近戦はやばい。ぼくは間合いをとって、神係をぼうっと見た。

神係の動きがいっしゅん止まり、足の開きが小さくなった。やつの視線がぼくの頭に動いた。来る！　メンに来るはずだ。

「メン」「コテ――――！」

ぼくの竹刀が神係のコテを打ちぬいた。

「勝負あり！」

会場がどよめいている。

「**誠**にあっぱれ。山名道場に新しいヒーローの**誕**生じゃ。良太は山名家の**宝**じゃ！　山名道場の**看**板をおろさずに済んだぞ」

秒針《びょうしん》　刻《きざ》み　存在《そんざい》　値打《ねう》ち　排除《はいじょ》　誠《まこと》に　誕生《たんじょう》　宝《たから》　看板《かんばん》

針　刻　存　値　除　誠　誕　宝　看

おじいちゃんがばんざいをしている。

優勝旗がぼくに手わたされた。大会のテーマ曲が小学生の指**揮**で演**奏**され、合唱隊が歌っている。力強い歌**詞**がぼくの心にひびいた。

「あんな練習でおれに勝つとは、おまえのほうが一**枚**上手だな。この**革**命児！」

となりで準優勝の神係がくやしそうにつぶやいた。

試合会場を見わたしたが、かおるの姿が見えない。ぼくは痛む足を引きずりながら、会場の外に出た。ドアのところで、かおるが目を真っ赤にして立っていた。

「良太どの！」「姫！」ぼくらは**磁**石《しゃく》のように引きよせられた。

「良太どの、優勝おめでとうございます」

「ありがとう」

「私は良太どのにあやまらなければなりませぬ」

かおるはなみだをぬぐいながらうつむいた。

「良太どのとは、同じ剣の道を進む仲間として仲良くしたかった。でも優勝するためには、あまえは許されない。だからあえてきつい態度をとってしまいました」

「いいんだよ。姫のおかげで山名道場が守れたんだし」

指揮《しき》　演奏《えんそう》　歌詞《かし》　一枚《いちまい》　革命児《かくめいじ》　磁石《じしゃく》

揮　奏　詞　枚　革　磁

ぼくは赤胴をはずして、かおるに差し出した。

「良太どのにあげます。私は良太どのの胴を使っていたいから」

「いいのか？」

「そのかわり、秋の全国大会は決勝戦まで勝ち進んでくださいね」

かおるは手を差し出した。

「まかしとけって。決勝戦で姫と勝負だからな」

ぼくは、かおるの手をぎゅっとにぎり返した。

発《はっ》展《てん》

★次の漢字を読んでみましょう。

①乱暴な態度をとる。
②朗らかに話す。
③安全を確認する。
④時間を短縮する。
⑤今月は降水量が少ない。

（答え）①らんぼう ②ほが ③かくにん ④たんしゅく ⑤こうすいりょう

攻略！

『大臣になったきよし』（五年生）に出てきた漢字テスト

□にあてはまる漢字を書きましょう。

★家に□《まね》く。
★山菜を□《と》る。
★□《きょう》□《み》がわく。
★小石を□《いっ》□《こ》拾う。
★□《さくら》の木。
★よびかけに□《おう》じる。
★カブトムシの展《てん》□《じ》。
★□《む》□《ちゅう》でながめる。
★□《めい》□《ろ》に入る。
★□《き》□《あつ》が下がる。
★□《さん》□《けつ》になる。
★□《ひたい》にあせをかく。

★むねが□《は》りさける。
★目が□《な》れる。
★化石や□《こう》□《ぶつ》を集める。
★□《ふく》□《ざつ》な道。
★□《さい》□《げん》なく続く。
★アマゾンの大きな□《かわ》。
★船が□《おう》□《ふく》する。
★車が□《つう》□《か》する。
★□《きん》□《とう》に分ける。
★□《じゅん》□《じょ》よくならぶ。
★□《ゆ》□《そう》する。
★□《こめ》□《だわら》を運ぶ。

★紡《ぼう》□《せき》工場に行く。
★□《ぼう》□《さい》を考える。
★□《ねん》□《りょう》を入れる。
★□《ひ》□《りょう》をやる。
★国々の□《ぼう》□《えき》。
★□《うん》□《が》に出る。
★□《ぞう》□《せん》所。
★流れが□《みちび》く。
★二つを□《くら》べる。
★□《てき》□《せい》な□《こう》□《ぞう》。
★□《けん》□《せつ》する。
★地震《しん》に□《そな》える。
★倉庫を□《しゅう》□《ふく》する。

★美しい□《ふ》□《じん》。
★道の□《さかい》。
★畑を□《たがや》す。
★□《じゅう》□《きょ》が建つ。
★□《こ》□《せん》を集める。
★長さを□《はか》る。
★五センチ□《てい》□《ど》の長さ。
★□《ぼ》□《ひょう》を立てる。
★木の□《みき》を切る。
★氷が□《えき》□《じょう》になる。
★文字を認《にん》□《しき》する。
★□《こ》□《じん》をとむらう。
★□《たし》かに聞いた。

★お□《はか》参りに行く。

★□《こころよ》く引き受ける。

★牛を□□《ぎゅうしゃ》に入れる。

★たった□《ひと》りでいる。

★紙が□《やぶ》れる。

★□□《もめん》のタオル。

★□《ぬの》きれを集める。

★動物を□□《しいく》する。

★□《に》た顔の人。

★□□《かめん》をかぶる。

★頭が□《こん》乱《らん》した。

★手で□《しめ》す。

★おどろきで□□《ぜっく》する。

★虫の□□《ふくがん》。

★相手を□《ひ》難《なん》する。

★必死で□□《べんかい》する。

★しわを□《よ》せる。

★この世に存《そん》□《ざい》する。

★相手に□□《ほうふく》する。

★□□《しょうにん》がたくさんいる。

★虫が□《む》れをなす。

★危《き》□《けん》がせまる。

★□□《すなお》に聞く。

★□□《ていあん》におうじる。

★□□《じけん》が起こる。

★□□《ししつ》にめぐまれる。

★□《いさぎよ》い考え。

★□《した》が回る。

★□《ふたた》び歩き出す。

★□□《さいかい》を果たす。

★□□《えんぎ》をする。

★人と□《せっ》する。

★場所を□□《いどう》する。

★強い□□《いし》を持つ。

★□《せい》一《いっ》杯《ぱい》の力。

★□□《じょうたい》がよい。

★裁《さい》□《ばん》をする。

★□□□《けんちくぶつ》を見る。

★太い□□《しちゅう》。

★りっぱな□□《もんがま》え。

★□《ぶ》装《そう》した□□《えいへい》。

★□□《たいかく》がいい。

★目立つ□《よう》ぼう。

★入ることを□《きん》じる。

★□□《きょか》をとる。

★体を□□《けんさ》する。

★乱《らん》□《ぼう》にあつかう。

★□《てき》と戦う。

★□《ゆめ》からさめる。

★大学の□□《こうどう》に入る。

★□□《しゅうだん》で□《あらわ》れる。

★□□《はんざい》をみとめる。

★すぐに□《あやま》る。

★□《いきお》いがある。

★相手のまちがいを□《せ》める。

★□《そう》□《ぞう》がつかない。

★□《じょう》□《しき》がある。

★□《こ》□《えだ》を拾う。

★□《げん》□《いん》がわかる。

★□《さい》□《し》を守る。

★□《きゅう》□《ご》する。

★□《しゅ》□《じゅつ》をする。

★□《あやま》ちを□《おか》す。

★□《き》□《てい》を作る。

★□《きん》□《ぞく》□《せい》のプレート。

★□《どう》□《ばん》にほる。

★□《つみ》をおかす。

★□《そ》□《せん》をうやまう。

★意見を□《の》べる。

★□《だん》□《こ》反対。

★□《あつ》かましい態度。

★□《ざい》宝《ほう》をさがす。

★□《か》値《ち》がない。

★数が□《へ》る。

★友だちを□《ゆる》す。

★声の□《かぎ》りにさけぶ。

★反対の声が□《ま》す。

★相手を□《せい》した。

★明るい□《ひょう》□《じょう》。

★大きな□《そん》□《しつ》。

★話を□《そう》□《ごう》する。

★□《ほとけ》のような人。

★ビルを□《は》かいする。

★おやつが□《あま》る。

★□《き》□《そく》にしたがう。

★□《えい》□《きゅう》に続く。

★安全を□《ほ》□《しょう》する。

★□《まず》しい身なり。

★国を□《とう》□《ち》する。

★薬を□《あず》ける。

★□《こう》□《か》がない。

★□《せい》□《ぎ》をつらぬく。

★□《とく》がある人。

★会社の□《り》□《えき》。

★□《せい》□《じ》を勉強する。

★□《じゅう》□《ぜい》に苦しむ。

★□《けい》済《ざい》が発展《てん》する。

★□《そっ》□《ちょく》な意見。

★□《ゆた》かな国づくり。

★家庭□《きょう》□《し》をする。

★□《けい》□《りゃく》をめぐらす。

★会社を□《けい》□《えい》する。

★□《じゅん》□《び》をする。

★悪人を□《たい》□《じ》する。

★□□《りょうど》をうばう。

★□□《じょうけん》を挙げる。

★□《つね》に心がける。

★□□《せきにん》がある。

★ちえを□《さず》ける。

★相手に□《さか》らう。

★□□《しょうち》する。

★その意見に□□《さんせい》する。

★□□《そしき》を立て直す。

★□□□《かのうせい》を考える。

★□□《ようしょく》につく。

★□□《きゅうしき》の生活。

★部屋を□《か》す。

★□《き》礎《そ》を学ぶ。

★□□《ちょうかん》を読む。

★□□《ほうふ》な作物。

★本を□□《へんしゅう》する。

★□□《しゅっぱん》をする。

★□□《ひょうばん》が上がる。

★□□《にんむ》につく。

★□□《しゅくが》会に出る。

★入り口で□《けん》を配る。

★□《おん》を売る。

★心に□《と》める。

『道場を守れ！』（六年生）に出てきた漢字テスト

□にあてはまる漢字を書きましょう。

★□《つくえ》にパソコンを置く。

★二人で□《く》らす。

★□□《かぶしき》会社。

★□《かいこ》から□《きぬ》糸を作る。

★海外へ□□《てんきん》する。

★南米□□《しょこく》をまわる。

★□□□□《てんのうへいか》のお言葉。

★□□□□《こうごうへいか》の講演。

★現地を□□《しさつ》する。

★仕事の□□《たんとう》を決める。

★□□《こうき》なお方と会う。

★□《わ》が子を愛する。

★□□《そんけい》する人。

★□□《とちょう》に□□《しゅうしょく》する。

★□□《はいく》をよむ。

★□《こま》ったことが起こる。

★松の□□《たいじゅ》。

★軍隊の□□□□《しょうぐんかっか》。

★新聞広告で□□《せんでん》する。

★□□《かくだい》する。

★□□《はってん》していく。

★□《はん》に分かれる。

★□《くら》が建つ。

★知識を□□《きゅうしゅう》する。

★□《うら》で手をまわす。

★試合で□《ゆう》□《しょう》する。

★□《め》□《ざわ》りに思う。

★□《けん》□《り》を主張する。

★□《けん》□《ぽう》を守る。

★□《さい》□《ばん》□《しょ》に行く。

★□《けい》□《さつ》□《しょ》□《ちょう》になる。

★□《こう》□《ふん》する。

★□《せん》□《もん》を決める。

★□《けい》□《ぶ》□《ほ》になる。

★□《ぜん》□《しょ》する。

★□《たて》□《わ》りの行政。

★仏だんのお□《そな》え物。

★手を合わせて□《おが》む。

★今は□《な》き祖父。

★仏教の□《しゅう》□《は》。

★相手を□《も》り上げる。

★□《き》□《ぼ》が大きい。

★道場を□《と》じる。

★心が□《はい》□《いろ》になる。

★□《しお》時を見る。

★一国□《いち》□《じょう》のあるじ。

★□《どう》□《めい》を結ぶ。

★□《じん》□《ぎ》なき戦い。

★□《せい》なる戦い。

★敵を□《う》つ。

★代表選手に□《お》す。

★試合に□《のぞ》む。

★選手□《そう》が厚い。

★勝つのが□《むずか》しい。

★□《ひ》□《さく》を考える。

★□《し》□《きゅう》動く。

★□《ゆう》□《びん》□《きょく》に行く。

★手紙を□《とど》ける。

★祖父の□《きょう》□《り》に行く。

★友人の家を□《たず》ねる。

★□《なみ》の女子ではない。

★□《ひ》□《みつ》を守る。

★次の日の□《ばん》。

★□《げき》□《じょう》を□《さが》す。

★矢を□《い》る。

★□《たい》□《しゅう》に人気がある。

★□《ち》□《いき》の人たち。

★□《と》□《とう》を組む。

★□《はり》□《がね》を□《ま》く。

★こん□《ぼう》を持つ。

★とつぜん走ると□《あぶ》ない。

★すごい□《きん》□《にく》。

★懸《けん》□《すい》をする。

★□《はがね》のような□《むな》□《いた》。

★□《ちゅう》□《こく》する。

★□《かた》うでで持つ。

★無《ぶ》事に□《す》んだ。

★線路に□《そ》って歩く。

★□《かい》□《だん》を上がる。

★□《はい》が苦しい。

★□《せ》が高い。

★名前を□《よ》ぶ。

★□《じ》□《たく》に案内する。

★かみを□《あら》う。

★□《か》□《けい》図を見る。

★□《う》□《ちゅう》に行く。

★□《よく》□《あさ》のけいこ。

★地球□《おん》□《だん》化。

★とても□《む》し暑い。

★□《まど》をあける。

★□《のう》みそを使う。

★□《ひ》□《もの》を食べる。

★□《きび》しい練習。

★□《わか》い人。

★□《せい》□《ざ》をする。

★水面に顔が□《うつ》る。

★□《すがた》を現す。

★□《あな》があくほど見る。

★□《わたくし》が行く。

★パソコンの□《そう》□《さ》。

★□《そう》□《ち》を調べる。

★考えが□《こと》なる。

★前をご□《らん》なさい。

★□《はら》が鳴る。

★□《さ》□《とう》を入れる。

★□《やさ》しい気持ち。

★□《はん》□《じゅく》のゆで□《たまご》。

★□《ざっ》□《こく》の入ったご飯。

★□《なっ》□《とう》を食べる。

★□《ぎゅう》□《にゅう》を飲む。

★力の□《みなもと》になる。

★□《しょく》□《よく》がわく。

★□《かん》□《たん》な練習。

★□《ぎ》□《もん》がある。

★言うことに□《したが》う。

★□《すな》浜《はま》を走る。

★□《しん》□《ぞう》に悪い。

★□《どく》□《そう》的な考え。

★□《いずみ》がわく。

★□《ざっ》□《し》を買う。

★本を何□《さつ》も読む。

★□《わけ》を知りたい。

★相手を□《ひ》□《はん》する。

★□《り》□《ろん》的に考える。

★□《き》□《じょう》の空《くう》論。

★役目を□《お》りる。

★□《おさな》い□《こ》□《ども》。

★□《おのれ》に打ち勝つ。

★文章を□□《ろうどく》する。

★本の□□《ちょしゃ》。

★バスの□□《うんちん》をはらう。

★席に□《すわ》る。

★□□《うわぜい》がある。

★実力を□《みと》める。

★過去《こ》の□□《いぶつ》。

★□□《ひてい》的な考え。

★□《むね》がときめく。

★□□《ふじゅん》な動機。

★□□《ごかい》を生む。

★夕日色に□《そ》まる。

★ひもが□《ちぢ》む。

★□□□《しんこきゅう》をする。

★□□《ちょうじょう》をめざす。

★長さ三□《じゃく》六□《すん》。

★練習を□《わす》れない。

★親□□《こうこう》をする。

★□《きず》だらけになる。

★□《ほ》しい物がある。

★□□《しんく》の旗。

★□《まく》が上がる。

★□《はげ》しい動き。

★□《いた》みにおそわれる。

★□《ほね》が折れる。

★手ぬぐいを□《さ》く。

★□□□《えんちょうせん》になる。

★勝負を□《す》てない。

★心を□《みだ》さない。

★自分を□《りっ》する。

★□□《びょうしん》が□《きざ》まれる。

★□□《そんざい》する。

★□□《ねう》ちがある。

★敵を排《はい》□《じょ》する。

★□《まこと》にすばらしい。

★□□《たんじょう》する。

★□《たから》を手に入れる。

★□□《かんばん》をおろす。

★□□《えんそう》の□□《しき》者。

★歌の□□《かし》。

★紙を□□《いちまい》わたす。

★□□《かくめい》が起きる。

★□□《じしゃく》の力。

学年別学習漢字一覧表

小学校で習う漢字 1006 字

一年生で習う漢字（八〇字）

一右雨円王音下火花貝学気九
休玉金空月犬見五口校左三山
子四糸字耳七車手十出女小上
森人水正生青夕石赤千川先早
草足村大男竹中虫町天田土二
日入年白八百文木本名目立力
林六

二年生で習う漢字（一六〇字）

引羽雲園遠何科夏家歌画回会
海絵外角楽活間丸岩顔汽記帰
弓牛魚京強教近兄形計元言原
戸古午後語工公広交光考行高
黄合谷国黒今才細作算止市矢
姉思紙寺自時室社弱首秋週春
書少場色食心新親図数西声星
晴切雪船線前組走多太体台地
池知茶昼長鳥朝直通弟店点電
刀冬当東答頭同道読内南肉馬
売買麦半番父風分聞米歩母方
北毎妹万明鳴毛門夜野友用曜
来里理話

三年生で習う漢字（二〇〇字）

悪安暗医委意育員院飲運泳駅央横屋
温化荷界開階寒感漢館岸起期客究急
級宮球去橋業曲局銀区苦具君係軽血
決研県庫湖向幸港号根祭皿仕死使始
指歯詩次事持式実写者主守取酒受州
拾終習集住重宿所暑助昭消商章勝乗
植申身神真深進世整昔全相送想息速
族他打対待代第題炭短談着注柱丁帳
調追定庭笛鉄転都度投豆島湯登等動
童農波配倍箱畑発反坂板皮悲美鼻筆
氷表秒病品負部服福物平返勉放味命
面問役薬由油有遊予羊洋葉陽様落流
旅両緑礼列練路和

四年生で習う漢字（二〇〇字）

愛案以衣位囲胃印英栄塩億加果貨課
芽改械害街各覚完官管関観願希季紀
喜旗器機議求泣救給挙漁共協鏡競極
訓軍郡径型景芸欠結建健験固功好候
航康告差菜最材昨札刷殺察参産散残
士氏史司試児治辞失借種周祝順初松
笑唱焼象照賞臣信成省清静席積折節
説浅戦選然争倉巣束側続卒孫帯隊達
単置仲貯兆腸低底停的典伝徒努灯堂
働特得毒熱念敗梅博飯飛費必票標不
夫付府副粉兵別辺変便包法望牧末満
未脈民無約勇要養浴利陸良料量輪類
令冷例歴連老労録

五年生で習う漢字 （一八五字）

圧移因永営衛易益液演応往桜恩可仮
価河過賀快解格確額刊幹慣眼基寄規
技義逆久旧居許境均禁句群経潔件券
険検限現減故個護効厚耕鉱構興講混
査再災妻採際在財罪雑酸賛支志枝師
資飼示似識質舎謝授修述術準序招承
証条状常情織職制性政勢精製税責績
接設舌絶銭祖素総造像増則測属率損
退貸態団断築張提程適敵統銅導徳独
任燃能破犯判版比肥非備俵評貧布婦
富武復複仏編弁保墓報豊防貿暴務夢
迷綿輸余預容略留領

六年生で習う漢字 （一八一字）

異遺域宇映延沿我灰拡革閣割株干巻
看簡危机揮貴疑吸供胸郷勤筋系敬警
劇激穴絹権憲源厳己呼誤后孝皇紅降
鋼刻穀骨困砂座済裁策冊蚕至私姿視
詞誌磁射捨尺若樹収宗就衆従縦縮熟
純処署諸除将傷障城蒸針仁垂推寸盛
聖誠宣専泉洗染善奏窓創装層操蔵臓
存尊宅担探誕段暖値宙忠著庁頂潮賃
痛展討党糖届難乳認納脳派拝背肺俳
班晩否批秘腹奮並陛閉片補暮宝訪亡
忘棒枚幕密盟模訳郵優幼欲翌乱卵覧
裏律臨朗論

●文
『ぼくらのグルメたいけつ』
山本省三（児童文学作家）

『暗号をとけ!』
すとうあさえ（児童文学作家）

『古代の戦士とひみつのはか』
ささきあり（児童文学作家）

『大臣になったきよし』
光丘真理（児童文学作家）

『道場を守れ!』
中村文人（童話作家）

●装丁
一瀬錠二（Art of NOISE）

●装画・本文イラスト
サクマ メイ

●本文デザイン・DTP
坂野弘美

●編集協力
株式会社童夢

お話でマスター!
小学校の全漢字1006を5時間で攻略する本

2011年7月29日　第1版第1刷発行
2018年10月16日　第1版第12刷発行

編　者　PHP研究所
発行者　安藤　卓
発行所　株式会社PHP研究所
京都本部　〒601-8411 京都市南区西九条北ノ内町11
教育出版部 ☎075-681-8732（編集）
家庭教育普及部 ☎075-681-8818（販売）
東京本部　〒135-8137 江東区豊洲5-6-52
普及部 ☎03-3520-9630（販売）
PHP INTERFACE　https://www.php.co.jp/
印刷所
製本所　図書印刷株式会社

ISBN978-4-569-79830-1